课本里的作家

本的家
里的
课的作

# 课本里的作家

## 神秘隐身人

滕毓旭 / 著

小学语文同步阅读
**二年级**
彩绘注音版

山东教育出版社
济南

**图书在版编目（CIP）数据**

神秘隐身人 / 滕毓旭著 . -- 济南：山东教育出版
社，2025. 6. --（爱阅读·课本里的作家）. -- ISBN
978-7-5701-3722-0

Ⅰ . G634.333

中国国家版本馆 CIP 数据核字第 20252V074K 号

SHENMI YINSHEN REN

## 神秘隐身人

滕毓旭　著

---

主管单位：山东出版传媒股份有限公司

出版发行：山东教育出版社

　　　　　地址：济南市市中区二环南路 2066 号 4 区 1 号　邮编：250003

　　　　　电话：（0531）82092600 网址：www.sjs.com.cn

印　　刷：肥城新华印刷有限公司

版　　次：2025 年 6 月第 1 版

印　　次：2025 年 6 月第 1 次印刷

开　　本：700mm×1000mm　1/16

印　　张：10

字　　数：64 千

定　　价：35.80 元

---

（如印装质量有问题，请与印刷厂联系调换）

印厂电话：0538-3460929

# 总序

　　北京书香文雅图书文化有限公司的李继勇先生与我联系，说他们策划了一套《爱阅读·课本里的作家》丛书，读者对象主要是中小学生，可以作为学生的课外阅读用书，希望我写篇序。作为一名语文教育工作者，在中共中央办公厅、国务院办公厅印发《关于进一步减轻义务教育阶段学生作业负担和校外培训负担的意见》（以下简称"双减"）的大背景下，为学生推荐这套优秀课外读物责无旁贷，也更有意义。

## 一、"双减"以后怎么办？

　　"双减"政策对义务教育阶段学生的作业和校外培训作出严格规定。我认为这是一件好事。曾几何时，我们的中小学生作业负担重，不少学生不是在各种各样的培训班里，就是在去培训班的路上。学生"学"无宁日，备尝艰辛；家长们焦虑不安，苦不堪言。校外培训机构为了增强吸引力，到处挖掘优秀教师资源，有些老师受利益驱使，不能安心从教。他们的行为破坏了教育生态，违背了教育规律，严重影响了我国教育改革发展。教育是什么？教育是唤醒，是点燃，是激发。而校外培训的噱头仅仅是提高考试成绩，让学生在中高考中占得先机。他们的广告词是"提高一分，干掉千人"，大肆渲染"分数为王"，在这种压力之下，学生面对的是"分萧萧兮题海寒"，不得不深陷题海，机械刷题。假如只有一部分学生上培训班，提高的可能是分数。但是，如果大多数学生或者所有学生都去上培训班，那提高的就不是分数，而只是分数线。教育的根本任务是立德树人，是培根铸魂，是启智增慧，是让学生的德智体美劳全面发展，是培养社会主义建设者和接班人，是为中华民族伟大复兴提供人才，而不是培养只会考试的"机器"，更不能被资本所"绑架"。所以中央才"出重拳""放实招"，目的就是要减轻学生过重的课业负担，减轻家长过重的经济和精神负担。

　　"双减"政策出台后，学生们一片欢呼，再也不用在各种培训班之间来回奔波了，但家长产生了新的焦虑：孩子学习成绩怎么办？而对学校老师来说，这是一个新挑战、新任务，当然也是新机遇。学生在校时间增加，要求老师提升教学水平，科学合理布置作业，同时开展课外延伸服务，事实上是老师陪伴学生的时间增加了。这部分在校时间怎么安排？如何让学生利用好课外时间？这一切都考验着老师们的智慧。而开展各种课外活动正好可以解决这个难题。比如：热爱人文的，可以开展阅读写作、演讲辩论，学习优秀传统文化和民风民俗等社团活动；喜爱数理的，可以组织科普科幻、实验研究、统计测量、天文观测等兴趣小组；也可以开展体育比赛、艺术（音乐、美术、书法、戏剧……）体验和劳动教育等实践活动。当然，所有的活动都应以培养学生的兴趣爱好为目的，以自愿参加为前提。学校开展课后服务，可以多方面拓展资源，比如博物馆、图书馆、科技馆、陈列馆、少年宫、青少年活动中心，甚至校外培训机构的优质服务资源，还可组织征文比赛、志愿服务、社会调查等，助力学生全面发展。

## 二、课外阅读新机遇

近年来，新课标、新教材、新高考成为语文教育改革的热词。我曾经看到一个视频，说语文在中高考中的地位提高了，难度也加大了。这种说法有一定道理，但并不准确。说它有一定道理，是因为语文能力主要指一个人的阅读和写作能力，而阅读和写作能力又是一个人综合素养的体现。语文能力强，有助于学习别的学科。比如数学、物理中的应用题，如果阅读能力上不去，读不懂题干，便不能准确把握解题要领，也就没法准确答题；英语中的英译汉、汉译英题更是考查学生的语言表达能力；历史题和政治题往往是给一段材料，让学生去分析、判断，得出结论，并表述自己的观点或看法。从这点来说，语文在中高考中的地位提高有一定道理。说它不准确，有两个方面的理由：一是语文学科本来就重要，不是现在才变得重要，之所以产生这种错觉，是因为在应试教育的背景下，语文的重要性被弱化了；二是语文考试的难度并没有增加，增加的只是阅读思维的宽度和广度，考查的是阅读理解、信息筛选、应用写作、语言表达、批判性思维、辩证思维等关键能力。可以说，真正的素质教育必须重视语文，因为语文是工具，是基础。不少家长和教师认为课外阅读浪费学习时间，这主要是教育观念问题。他们之所以有这种想法，无非是认为考试才是最终目的，希望孩子可以把更多时间用在刷题上。他们只看到课标和教材的变化，以为考试还是过去那一套，其实，考试评价已发生深刻变革。目前，考试评价改革与新课标、新教材改革是同向同行的，都是围绕立德树人做文章。中共中央、国务院印发的《深化新时代教育评价改革总体方案》明确指出："稳步推进中高考改革，构建引导学生德智体美劳全面发展的考试内容体系，改变相对固化的试题形式，增强试题开放性，减少死记硬背和'机械刷题'现象。"显然就是要用中高考"指挥棒"引领素质教育。新高考招生录取强调"两依据，一参考"，即以高考成绩和高中学业水平考试成绩为依据，以综合素质评价为参考。这也就是说，高考成绩不再是高校选拔新生的唯一标准，不只看谁考的分数高，而是看谁更有发展潜力、更有创造性，谁综合素质更高，从而实现由"招分"向"招人"的转变。而这绝不是仅凭一张高考试卷能够区分出来的，"机械刷题"无助于全面发展，必须在课内学习的基础上，辅之以内容广泛的课外阅读，才能全面提高综合素养。

### 三、"爱阅读"助力成长

这套《爱阅读·课本里的作家》丛书是为中小学生读者量身打造的，符合《义务教育语文课程标准》倡导的"好读书、读好书、读整本的书"的课改理念，可以作为学生课内学习的有益补充。我一向认为，要学好语文，一要读好三本书，二要写好两篇文，三要养成四个好习惯。三本书指"有字之书""无字之书""心灵之书"，两篇文指"规矩文""放胆文"，四个好习惯指享受阅读的习惯、善于思考的习惯、乐于表达的习惯和自主学习的习惯。古人说"读万卷书，行万里路"，实际上就是要处理好读书与实践的关系。对于中小学生来说，读书首先是读好"有字之书"。"有字之书"，有课本，有课外自读课本，还有"爱阅读"这样的课外读物。读书时我们不能眉毛胡子一把抓，要区分不同的书，采取不同的读法。一般说来，读法有精读，有略读。精读需要字斟句酌，需要咬文嚼字，但费时费力。当然也不是所有的书都需要精读，可以根据自己的需要决定精读还是略读。新课标提倡中小学生进行整本书阅读，但是学生往往不能耐着性子读完一整本书。新课标提倡的整本书阅读，主要是针对过去的单篇教学来说的，并不是说每本书都要从头读到尾。教材设计的练习项目也是有弹性的、可选择的，不可能有统一的"阅读计划"。我的建议是，整本书阅读应把精读、略读与浏览结合起来，精读重在示范，略读重在博览，浏览略观大意即可，三者相辅相成，不宜偏于一隅。不仅如此，学生还可以把阅读与写作、读书与实践、课内与课外结合起来。整本书阅读重在掌握阅读方法，拓展阅读视野，培养读书兴趣，养成阅读习惯。

再说写好两篇文。学生读得多了，素养提高了，自然有话想说，有自己的观点和看法要发表。发表的形式可以是口头的，也可以是书面的，书面表达就是写作。写好两篇文，一篇规矩文，一篇放胆文。规矩文重打基础，放胆文更见才气。规矩文要求练好写作基本功，包括审题、立意、选材、构思等，同时还要掌握记叙文、议论文、说明文、应用文的基本要领和写作规范。规矩文的写作要在教师的指导下进行。放胆文则鼓励学生放飞自我、大胆想象，各呈创意、各展所长，尤其是展现自己的写作能力、语言表达能力、批判性思维能力和辩证思维能力。放胆文的写作可以多种多样，除了写大作文，也可以写小作文。有兴趣的学生还可以进行文学创作，写诗歌、小说、散文、剧本等。

学习语文还要养成四个好习惯。第一，享受阅读的习惯。爱阅读非常重要，每个同学都应该有自己的个性化书单。有的同学喜欢网络小说也没有关系，但需要防止沉迷其中，钻进"死胡同"。这套《爱阅读·课本里的作家》丛书，给中小学生课外阅读提供了大量古今中外的名家名作。第二，善于思考的习惯。在这个大众创业、万众创新的时代，创新人才的标准，已不再是把已有的知识烂熟于心，而是能够独立思考，敢于质疑，能够自己去发现问题、提出问题和解决问题，需要具有探究质疑能力、独立思考能力、批判性思维和辩证思维能力。第三，乐于表达的习惯。表达的乐趣在于说或写的过程，这个过程比说得好、写得完美更重要。写作形式可以不拘一格，比如作文、日记、笔记、随笔、漫画等。第四，自主学习的习惯。我的地盘我做主，我的语文我做主。不是为老师学，也不是为父母长辈学，而是为自己的精神成长学，为自己的未来学。

愿广大中小学生能借助这套《爱阅读·课本里的作家》丛书，真正爱上阅读，插上想象的翅膀，飞向未来的广阔天地！

# 目录

## 我爱读课文

## 课本作家作品

# 我爱
## 读课文

原文赏读

# 一株紫丁香

踮起脚尖儿

走进安静的小院，

我们把一株紫丁香，

栽在老师窗前。


老师，老师，

就让它绿色的枝叶，

伸进您的窗口，

夜夜和您做伴。


老师——

绿叶在风里沙沙，

那是我们给您唱歌，

bāng nín xiāo chú yì tiān de pí juàn
帮您消除一天的疲倦。

lǎo shī
老师——

mǎn shù shèng kāi de huā ér
满树盛开的花儿，

nà shì wǒ men de xiào liǎn
那是我们的笑脸，

gǎn xiè nín shí shí bǎ wǒ men guà qiān
感谢您时时把我们挂牵。

yè shēn le xīng xing kùn de zhǎ yǎn
夜深了，星星困得眨眼，

lǎo shī xiū xi ba
老师，休息吧，

ràng huā xiāng piāo jìn nín de mèng li
让花香飘进您的梦里，

nà mèng ya zhǔn shì yòu xiāng yòu tián
那梦呀，准是又香又甜。

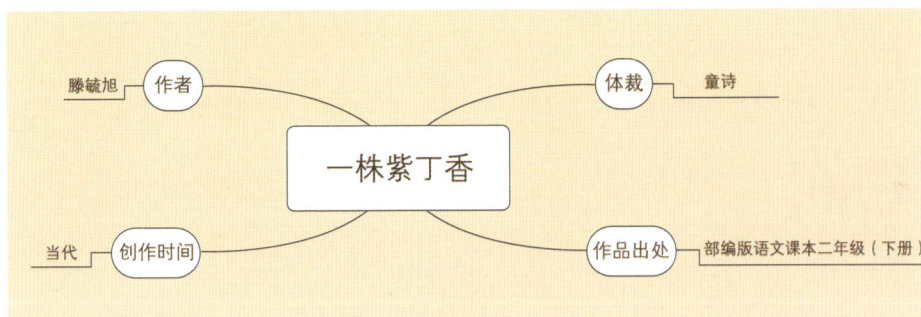

我能学会

滕毓旭  作者            体裁  童诗

一株紫丁香

当代  创作时间        作品出处  部编版语文课本二年级（下册）

3

## 作品赏析

zhè shǒu tóng shī jiǎng shù de nèi róng shì xué shēng men bǎ yì zhū
这首童诗讲述的内容是学生们把一株

zǐ dīng xiāng zāi zài lǎo shī chuāng qián biǎo dá le duì lǎo shī xīn
紫丁香栽在老师窗前，表达了对老师辛

qín gōng zuò de gǎn jī zhī qíng quán shī yǔ yán tōng sú yì dǒng
勤工作的感激之情。全诗语言通俗易懂，

ràng hái zi kàn zhe zhè shǒu shī jiù huì xiǎng dào zhè yàng měi hǎo de
让孩子看着这首诗就会想到这样美好的

qíng jǐng fǎng fú zì jǐ jiù shì zāi huā de xiǎo hái zhè shǒu tóng
情景，仿佛自己就是栽花的小孩。这首童

shī zài zì lǐ háng jiān zhōng tǔ lù chū hái zi men duì lǎo shī de
诗在字里行间中吐露出孩子们对老师的

guān xīn
关心。

## 识记与拓展

### 我要学习

huì xiě xiāng nóng yuàn zhī děng shēng
1.会写"香、浓、院、枝"等生

zì huì rèn zāi bāng pí àn juàn zhǎ děng
字，会认"栽、帮、疲、案、倦、眨"等

shēng zì
生字。

dú zhǔn zì yīn dú tōng jù zi
2.读准字音，读通句子。

4

　　　　　　xué wán běn kè　　　dǒng de gǎn ēn lǎo shī　　guān xīn lǎo shī

3.学完本课，懂得感恩老师、关心老师

de dào lǐ

的道理。

## 生字表析

## 会写的字

| xiāng 香 | 部首 | 笔画 | 结构 | 造字 | 组词 |
|---|---|---|---|---|---|
| | 香 | 9 | 上下 | 会意 | 香气　体香 |
| 辨字 | 秀（秀气　秀丽） | | | | |
| 字义 | 1.（气味）好闻。2.食物味道好。 | | | | |
| 造句 | 今天食堂的饭很香。 | | | | |

| nóng 浓 | 部首 | 笔画 | 结构 | 造字 | 组词 |
|---|---|---|---|---|---|
| | 氵 | 9 | 左右 | 形声 | 浓郁　浓厚 |
| 辨字 | 脓（脓水　化脓） | | | | |
| 字义 | 1.液体或气体中所含的某种成分多。2.（颜色）深。 | | | | |
| 造句 | 这朵花的香味很浓。 | | | | |

5

| yuàn 院 | 部首 | 笔画 | 结构 | 造字 | 组词 |
|---|---|---|---|---|---|
| | 阝 | 9 | 左右 | 形声 | 小院　院子 |
| 辨字 | 烷（甲烷　乙烷） | | | | |
| 字义 | 1.院子。2.某些机关和公共场所的名称。 | | | | |
| 造句 | 院长的能力很强。 | | | | |

| zhī 枝 | 部首 | 笔画 | 结构 | 造字 | 组词 |
|---|---|---|---|---|---|
| | 木 | 8 | 左右 | 形声 | 树枝　枝叶 |
| 辨字 | 吱（吱一声，咯吱） | | | | |
| 字义 | 1.枝子。2.用于带枝子的花朵。 | | | | |
| 造句 | 这枝花好漂亮。 | | | | |

## 会认的字

| zāi 栽 | 组词 |
|---|---|
| | 栽树<br>盆栽 |

| bāng 帮 | 组词 |
|---|---|
| | 帮忙<br>帮手 |

| pí 疲 | 组词 |
|---|---|
| | 疲惫<br>疲倦 |

| àn 案 | 组词 |
|---|---|
| | 案子<br>答案 |

| juàn 倦 | 组词 |
|---|---|
| | 疲倦<br>倦怠 |

| zhǎ 眨 | 组词 |
|---|---|
| | 眨眼<br>眨巴 |

一、 kàn pīn yīn xiě cí yǔ
**看拼音，写词语。**

xiǎo yuàn

zhī yè

xiāng wèi

shā zi

二、 bǐ yi bǐ zǔ cí
**比一比，组词。**

香（　　　　）　　浓（　　　　）

秀（　　　　）　　脓（　　　　）

肢（　　　　）　　烷（　　　　）

枝（　　　　）　　院（　　　　）

三、照样子，写词语。

绿（绿油油）

红_____        黄_____

气_____        白_____

冷_____        热_____

喜_____        笑_____

# 课本作家
## 作品

自主阅读

# 狐狸和狼

在一条弯弯的小河边，有一座美丽的牧场，一望无边的绿草，鲜嫩得像水洗过一样。

牧场旁边，有一栋鸡舍，紧挨鸡舍的便

10

是羊圈。牧场主人是位老爷爷，他背着猎枪日夜不停地巡逻。

离牧场不远，有一座大山，山南住着大灰狼，山北住着红狐狸。他俩每天都跑到山上，两眼直勾勾地盯着牧场。在那里，肥嘟嘟的绵羊吃着草儿，撒着欢儿；肉乎乎的小鸡，吃着虫儿，唱着歌儿。狼和狐狸都馋得直淌口水。

夜来了，月亮挂上树梢。牧场的鸡儿睡了，羊儿也睡了，只有老爷爷屋里的灯还亮着。这时，狐狸来到小河边，见狼也坐在那儿，正望着羊圈呆呆地出神。

狐狸对狼笑着说："狼大哥，是不是几天没吃东西了？前面就是羊圈，干吗不去弄一只羊填填肚子？"

狼使劲瞪了狐狸一眼，心想，好你个

狐狸，你在对我使用"勾引法"，哼，我才不上当呢！他故意把肚子挺了挺，装出一副吃饱的样子："狐狸老弟，说起来你可别眼馋，刚才我吃了小兔子一家，肚子没地方再装了。"他朝狐狸瞥了一眼，又拉腔拖调地说："你大概好久没吃到小鸡了吧？听说鸡舍里的小鸡又肥又嫩，不想去开开荤吗？"

哼，真是哪壶不开提哪壶！狐狸气歪了嘴巴，心想，你这个该遭枪子的狼，想让我去把猎人引开，你好去占便宜，哼，没门儿！他强打精神，装出一副轻松的样子："小鸡嘛，早吃腻了！我是趁这美丽的夜晚，来欣赏牧场的风光。"

"是呀，这里真美，尤其是那座漂亮的鸡舍，还有小鸡'咯咯'的叫声！"狼

还想引诱狐狸去当替罪羊。

狼和狐狸都怕老爷爷的猎枪，都各打各的小算盘，最后都饿倒在小河旁。

第二天，老爷爷出现了，朝着狼和狐狸端起了枪。你猜狼和狐狸在想什么？都在想：我可不要先挨第一枪。

13

# 绿胡子爷爷

森林里有一座绿色的木屋，木屋里住着一位老爷爷，老爷爷常年在这里造林、护林，胡子也变成绿的，人们都叫他绿胡子爷爷。

绿胡子爷爷有一只漂亮的木笛，木笛整天被他挂在腰上，他每天早晨起来要做的第一件事，就是站在木屋前吹笛子。这可是有魔法的笛子，那些从笛孔里飞出的音符，会变成一棵棵小树，小树甩着枝条，迈开大步往前走，就像威武的战士一样。

每当木笛响起的时候，住在森林里的大大小小的动物都会跑来，踏着木笛的节拍，一边扭一边唱，个个手舞足蹈。

又一个清爽的早晨，太阳从东方升起了，朝霞把林梢染得红红的。像往常一样，绿胡子爷爷的木笛又响了起来，动物们又都聚到木屋前。奇怪的是，只听到笛声，却不见绿胡子爷爷。

"怎么回事？绿胡子爷爷呢？"短尾巴兔疑惑地问。

大家你望望我，我望望你，发出同样的疑问。

“绿胡子爷爷不会生病了吧？”长尾巴狐狸说出自己的担心。

动物们推开门涌进小屋。屋里除了一张空床，什么也没有。

动物们急得大喊起来："绿胡子爷爷！绿胡子爷爷！"喊了半天也没有回音。

"会不会去巡逻了？"小刺猬猜测说。

大家分头去森林里找，整个林子找遍了，仍不见绿胡子爷爷的人影。

动物们都哭了。

短尾巴兔边哭边说："是绿胡子爷爷从猎人的陷阱里救了我，他可不能出事呀，我们都需要他保护呀！"

短尾巴兔的话，引起大家的共鸣。

长尾巴狐狸回忆说："那年大雪封山时，我被一只老鹰追得无处逃，是绿胡子爷爷把我从鹰爪下救出来！"

是呀，哪一只动物身上没有一本感恩账！

受伤的小鸟腿上，有绿胡子爷爷包

17

扎时留下的布条；暴雨夜，小獾子多亏绿胡子爷爷及时把他转移，才逃过洪水的洗劫；小松鼠因为绿胡子爷爷保护，才一次次免遭山狸的欺负……他们都知道，绿胡子爷爷是大家的保护神！

就在大家焦急、担心时，从南边飘来一朵白云，捎来了消息，说绿胡子爷爷正在很远很远的地方造林，等那里的森林和这里的森林连在一起时，动物们就会再次见到他。

动物们不再找了。他们每天只做一件事：一大早就来到木屋前，踏着木笛声又唱又跳，每跳一下，森林就向前跑一步。他们相信，总有一天这片林子和那片林子会连在一起，到那时，他们就能再次见到绿胡子爷爷了。

# 爱唱歌的鹅先生

鹅先生最爱唱歌，每天起来第一件事，就是穿上那套白礼服，戴上小黄帽，踱着方步，来到草地上练嗓子。那架势真有一副歌唱家的派头。

公平点儿讲，鹅先生在农家小院的

19

鸡鸭鹅中，也算得上是"鹤立鸡群"，可就是有点儿爱张扬，不管人家愿听不愿听他唱歌，他总爱亮嗓门儿。

鸭子娟娟私下说："可惜了一表人才，如果他能稍稍稳重点儿，也许会很可爱的。"

母鸡乔里也嘀咕："唉，鹅先生的歌确实不敢恭维，人倒是蛮热情的，可就是有点儿过了。"

鹅先生听不到这些议论，就算是听到了，他也不会在乎："干吗要稳重呀？给大家唱唱歌不好吗？"别看他嗓子像个破锣，但唱起来却有劲，要是让他闭住嘴巴，那可是比不让他吃饭还难受！这不，他见鸡儿们正在草地上玩耍，便走了过去，挺着胸脯很斯文地说："可爱的鸡儿们，你们不觉得整天玩太无聊吗？不如让我给你们唱支歌吧！"

鸡儿们大概早就从妈妈那儿听说过鹅先生的"热情"，赶忙谢绝："鹅先生，我们正玩在兴头儿上，不想听歌，你还是去唱给鸭子听吧。"

"那怎么成呢，给鸭子唱不给你们唱，不是太不公平了吗？"鹅先生做事可是周周到到，他不管鸡儿们乐意不乐意，便把脖子使劲一伸，扁嘴巴用力一张，唱了起来："我是一只大白鹅，哦哦哦，我的歌真叫乐，哦哦哦，不信你就竖耳朵，哦哦哦，保你听了笑呵呵，哦哦哦……"他唱了一遍又一遍，唱得鸡儿们没心思玩了，尤其听到那句"哦哦哦"，不知为什么，鸡儿们的肚子"咕咕"叫起来，真的饿了。

鸡儿们都喊："别唱了！"可是鹅先生正唱得兴致勃勃，哪里停得下？那些鸡儿们都"轰"地逃走了。当鹅先生发现没有一个听众时，不无失望地说："唉，这么好的歌怎么就不听了呢？"

鹅先生有些惆怅，然而，他很快就恢复了常态，把头上的小黄帽正了正，又踱起方步来到湖边。

鸭儿们正在湖里游玩，划出一道道水痕，溅起一朵朵水花。鹅先生说："鸭儿们，快上岸来！"

鸭儿们见是鹅先生，便悄悄说："他准是要给我们唱'哦哦歌'，别理他！"

鹅先生似乎知道鸭儿们的心思，便说："今天我不唱'哦哦歌'，我要教你们生存之道！"

生存之道？鸭儿们你望望我，我望望你，不知鹅先生说的"生存之道"是什么，都疑惑地游到岸边。

鹅先生一本正经地说："我发现你们游得太慢、捉鱼效率太低，原因就是游泳姿势不正确。"

听了鹅先生一番话，鸭儿们还真觉得自己游得太慢、捉鱼太少了。如果鹅先生真能教会他们游泳捉鱼的本事，那是再好不过了。

一只鸭子亮开沙哑的嗓子说："鹅先生，那你快说说怎样才算姿势正确？"

鹅先生一听来了兴趣，把胸脯使劲挺了挺，慢条斯理地说："现在你们都站在湖里，我唱一句，你们就做一个动作，等我唱完了，你们的姿势自然就正确了。"

鸭儿们在湖里站一溜排，鹅先生把脖子用力一伸，扁嘴巴一张，开始唱起来了："扬起长长脖，哦哦哦……"鸭儿们"唰"地都把脖子高高扬起。"两腿往后拨，哦哦哦……"鸭儿们个个将两腿往后用力一拨，一下划出很远。鸭儿们高兴地说："这方法真好，我们划得多快呀！"

鹅先生又唱第三、第四句："头儿伸水里，哦哦哦，快快把鱼捉，哦哦哦！"鸭儿们齐刷刷地把头伸进水里，可是，抬起头，嘴巴里却是空空的。

一只鸭儿急着喊："鹅先生，我怎么没捉到鱼呀？"

鹅先生不紧不慢地说："鱼儿捉不到，说明你不饿，只有饿了才会拼命去捉，一拼命，保证捉得到。现在我给你们

25

chàng zhī      è le gē      ba      shuō zhe      tā bǎ bó zi yì
唱支'饿了歌'吧！"说着，他把脖子一
shēn      chàng le qǐ lái      é é é      è è è      é é
伸，唱了起来："哦哦哦，饿饿饿，哦哦
é      è è è      dù zi gū gū gū gū jiào      kuài kuài qù bǎ
哦，饿饿饿，肚子咕咕咕咕叫，快快去把
yú ér zhuō      zhè yí chàng      dà jiā dù zi zhēn de è le
鱼儿捉。"这一唱，大家肚子真的饿了，
dōu kāi shǐ pīn mìng qù zhuō yú      kě shì      shuí yě méi zhuō dào
都开始拼命去捉鱼，可是，谁也没捉到。
yì zhī yā zi tū rán xǐng guò shén lái      bú duì ya      é xiān
一只鸭子突然醒过神来："不对呀，鹅先
sheng jiāo de yóu yǒng zhuō yú de zī shì      bú jiù shì wǒ men píng shí
生教的游泳捉鱼的姿势，不就是我们平时
zuò de ma      dà jiā yì zuó mo      shì ya      píng shí wǒ
做的吗？"大家一琢磨："是呀，平时我
men jiù shì zhè yàng yóu de      zhè yàng qù zhuō de yú ya
们就是这样游的、这样去捉的鱼呀！"

原来是鹅先生在找理由骗大家听他唱歌呀！

鸭儿们气坏了，可鹅先生似乎没觉察，依然在岸边唱，而且唱得有滋有味，有板有眼。鸭儿们实在忍不住，一齐"嘎嘎"大叫起来："鹅先生，别唱了！"鹅先生却说："怎么回事？我唱错了吗？我是为你们好呀，干吗不让我唱呢？"

鹅先生望着鸭儿们离去，很是伤心，不知道自己错在哪里。然而，他很快

27

就把刚才的烦恼丢到一边，因为他看到一群小猫正在花间捉迷藏。于是，他又高兴起来。你看，他踱着方步向小猫走去，那件白礼服在风中一抖一抖，小黄帽也在阳光下一闪一闪……

# 蝴蝶花

这是很久以前的事儿。

一天，小蝴蝶照例离家出去游玩。

太阳暖暖的，风儿爽爽的，花儿香香的，小蝴蝶抖动着一对翅膀，在春的原野上飞翔，十分开心。

突然，他听到呜呜咽咽的哭声，很是奇怪，是谁为了什么事这样伤心？小蝴蝶的心境被破坏了，他无心再玩，循着哭声飞去。

他来到一座山坡上，那里除了岩石，只有零零星星的灌木和野花在风中摇曳。而山下却是另外一个世界，那里有彩色的花朵，碧绿的小草，斑斓得像画儿一样。小蝴蝶四处察看，发现一棵像草不是草、像花不是花的矮枝儿，正在岩石旁边哭泣。

小蝴蝶飞过去，关切地问："喂，不知名的朋友，什么事儿让你这样伤心？"

矮枝儿在这里很久了，从没有人这样关心她，她感动得不知如何是好，哽咽了

bàn tiān cái shuō　　　　wǒ běn lái yě shì huā ér　　　kě shì shēn
半天才说：“我本来也是花儿，可是身

shàng chú le jǐ méi yè piàn　　méi yǒu yì duǒ huā bàn　　shān xià de
上除了几枚叶片，没有一朵花瓣。山下的

huā ér dōu kāi le　　yì duǒ duǒ　　yí cù cù　　huáng càn càn
花儿都开了，一朵朵，一簇簇，黄灿灿、

hóng yàn yàn　　zǐ yíng yíng　　nà xiē xiǎo mì fēng yě dōu fēn fēn fēi
红艳艳、紫盈盈，那些小蜜蜂也都纷纷飞

guò qù　　kě wǒ zhè lǐ què lěng lěng qīng qīng　　méi yǒu rén lái guāng
过去，可我这里却冷冷清清，没有人来光

gù　　wǒ bù míng bai　　tóng yàng de chūn tiān　　tóng yàng shì huā
顾！我不明白：同样的春天，同样是花

ér　　wèi shén me　　měi lì　　hé wǒ bù zhān biān　　ǎi zhī
儿，为什么‘美丽’和我不沾边？”矮枝

biān kū biān shuō　　zuì hòu lián huà yě shuō bù chū le
儿边哭边说，最后连话也说不出了。

　　xiǎo hú dié tīng le ǎi zhī er de huà　　xīn ér chén chén
　　小蝴蝶听了矮枝儿的话，心儿沉沉，

bí zi suān suān　　tā zhī dào　　dān diào yǔ gū dú duì yú ǎi
鼻子酸酸。他知道，单调与孤独对于矮

zhī er　　shì duō me kě pà　　hěn xiǎng bāng tā cóng bēi shāng zhōng zǒu
枝儿是多么可怕，很想帮她从悲伤中走

chū lái
出来。

　　xiǎo hú dié fēi dào ǎi zhī er shàng　　duì tā shuō　　ràng
　　小蝴蝶飞到矮枝儿上，对她说：“让

wǒ zuò yì duǒ　　huā ér　　lái hé nǐ zuò bàn ba
我做一朵‘花儿’来和你做伴吧。”

矮枝儿感动得只顾点头、流泪，不知该说什么好。

这时，一只只路过的小蜜蜂看见了矮枝儿，他们高兴地喊："看呀，那是什么花儿这样漂亮？"

他们纷纷飞来，绕着矮枝儿又舞又唱。矮枝儿从没见过这样的场面，乐得来回扭个不停。

她对小蝴蝶说："我多开心呀，就让我们永远在一起吧！"

小蝴蝶为难地说："妈妈找不到我，会着急的，等明天我再来陪伴你吧！"

谁知小蝴蝶刚刚离开，矮枝儿又哭了，哭得小蝴蝶心儿酸酸的，连翅膀也被哭得软软的，他只好又落到矮枝儿上。

蝴蝶妈妈不见孩子回来，十分着急，

拍动着翅膀到处去找。当她找见小蝴蝶时，已经是五天后的事了。她见小蝴蝶一动不动地站在矮枝儿上，变成了一朵俏丽的花儿，十分难过。可是，当她看到金色的小蜜蜂翩翩而来时，却又十分骄傲，因为她知道：作为一种美，一种新的生命，她的孩子已经镌刻在花枝儿上了。

　　蝴蝶妈妈效仿自己的孩子，毅然落到花枝儿上，也变成了一朵花儿。

　　从此，这个世界便多了一种花儿，她的名字就叫——"蝴蝶花"。

# 小鲤鱼背月亮

一轮圆月升起来了，映在月牙湖上，湖水清清，仿佛抱着一个银盘。

这时，一群小鲤鱼跑出家门，快活地在湖里游来游去。明天小湖就要封冻了，这是入冬前最后一次嬉戏。他们晃着身子，摆动着短尾巴，好像一只只小船，撒着欢儿。

是谁发现了湖里的月亮："看哪，一个大大的西瓜，快抱回去留着冬天吃。"

小鲤鱼们高兴得又蹦又跳。

"不，它是一块圆圆的饼干，够我们吃一个冬天的！"

小鲤鱼们"吧嗒吧嗒"嘴儿，馋得直吐泡泡。

小鲤鱼们都争着跑过去，准备抱回这个让人流口水的月亮。他们鼓着劲，喊

着号子，一起用力抱，可是，那月亮一动也不动，急得小鲤鱼们直晃脑袋，直摇尾巴。

"先歇一歇，想想办法看怎样把它抱回家。"一条小鲤鱼说。

大家围成一圈儿，不停地"骨碌"着小眼睛。

"有了！"一条小鲤鱼"嗵"地跳起来，"抱不动，我们可以背呀！"

36

好办法！于是，他们留一条小鲤鱼在水面上指挥，其余的全都钻进水里去背。

这时，刮起了大北风，把月牙湖吹得波浪翻滚，月亮也被摇得像喝醉酒，来回晃个不停。

在水面上指挥的小鲤鱼看了，高兴地喊："哈，搬动了！搬动了！"

于是，大家一齐迈着步子，"一二、一二"把月亮背回家。小鲤鱼们太累了，一个个东倒西歪，躺在床上便呼呼大睡起来。

小鲤鱼们睡得很香很沉，连外面刮大风、飘大雪也不知道。他们在屋子里不知睡了多久。

春天来了，小湖解冻了，小鲤鱼们纷纷推开门窗。这时，他们才觉得饿了、

kě le
渴了。

yì tiáo xiǎo lǐ yú hǎn　　　　zán men bān huí lái de bǐng
一条小鲤鱼喊："咱们搬回来的饼

gān ne
干呢？"

lìng yì tiáo xiǎo lǐ yú yě gēn zhe hǎn　　　duì ya　　zán
另一条小鲤鱼也跟着喊："对呀，咱

men bēi huí lái de xī guā ne
们背回来的西瓜呢？"

dà jiā dōu zài zhǎo　　què zěn me yě zhǎo bú dào
大家都在找，却怎么也找不到。

huì bú huì bèi è yú tōu qù le　　　xiǎo lǐ yú men
"会不会被鳄鱼偷去了？"小鲤鱼们

qì hū hū de yào qù zhǎo è yú　　　yì tuī kāi mén　　què fā xiàn
气呼呼地要去找鳄鱼。一推开门，却发现

yuè liang hái zài hú li
月亮还在湖里。

zěn me huí shì　zěn me huí shì　　bú shì bēi huí lái
"怎么回事？怎么回事？不是背回来

le ma　zěn me hái zài hú li　　　dà jiā nǐ wàng wang wǒ
了吗？怎么还在湖里？"大家你望望我，

wǒ wàng wang nǐ　　shuí yě bù zī shēngr
我望望你，谁也不吱声儿。

zhēng fú liè rén de xuě ér
# 征服猎人的雪儿

zài xī shuāng bǎn nà de yuán shǐ sēn lín li, zhù zhe xǔ
在西双版纳的原始森林里，住着许
duō niǎo ér, tā men gè gè dōu shì sēn lín gē shǒu
多鸟儿，他们个个都是森林歌手。

yì tiān, niǎo ér men zhèng zài chàng gē, tū rán cóng yún
一天，鸟儿们正在唱歌，突然从云
li chuán lái hóng liàng de gē shēng
里传来洪亮的歌声：

xī shuāng bǎn nà yì fú huà
西双版纳一幅画，
sēn lín jiù shì wǒ de jiā
森林就是我的家，
wǒ ài wǒ jiā dà shēng chàng
我爱我家大声唱，
xīn lǐ lè de kāi le huā
心里乐得开了花。

shuí de gē zhè yàng mí rén niǎo ér men dōu tíng zhǐ
“谁的歌这样迷人？”鸟儿们都停止
le gē chàng, sì chù xún zhǎo
了歌唱，四处寻找。

zhè shí, yì zhī niǎo ér fēi luò dào shù shàng, tā zhǎng
这时，一只鸟儿飞落到树上，她长
de hé huà méi niǎo jī hū yí yàng, zhǐ shì tóu shàng de yǔ máo gèng
得和画眉鸟几乎一样，只是头上的羽毛更

mì gèng hòu， bái de xiàng tiān shàng de yún ér；bó zi hé xiōng
密更厚，白得像天上的云儿；脖子和胸

qián de yǔ máo yě shì bái sè de， dà yǎn jing wài miàn hái zhào yì
前的羽毛也是白色的，大眼睛外面还罩一

quān hóng sè， xiàng kè yì huà shàng de yí yàng
圈红色，像刻意画上的一样。

nǐ shì shuí？ zěn me zhè yàng xiàng huà méi niǎo？ yún
"你是谁？怎么这样像画眉鸟？"云

què wèn
雀问。

wǒ shì bái guān huà méi niǎo， shì huà méi jiā zú de yì
"我是白冠画眉鸟，是画眉家族的一

yuán， míng jiào xuě ér。 tā jiè shào wán zì jǐ， yòu liàng kāi
员，名叫雪儿。"她介绍完自己，又亮开

sǎng mén chàng le qǐ lái
嗓门唱了起来。

niǎo ér men dōu zé zé kuā dào： hǎo měi de gē，
鸟儿们都"啧啧"夸道："好美的歌，

甜得像蜜，谁听了，都会忘记一切。"

这是一个明媚的早晨，太阳把缕缕金线从叶缝中洒下。鸟儿们抖着翅膀，又开始了新的一天。突然，八哥鸟惊叫起来：

"不好啦，猎人来啦！"

森林立刻乱了营，鸟儿们吓得"喳喳"大叫，雪儿却大声唱了起来：

密密的森林，

是小鸟可爱的家乡，

我们用彩色的翅膀，

编织对自由的向往……

甜甜的音符在森林里回荡，优美的旋律在叶子上流淌。鸟儿们不再害怕了，都陶醉在悠扬的歌声里。

突然，雪儿离开大树，向举猎枪的猎人飞去，那美丽的羽毛在风中抖动，像盛开的白花瓣。她一边飞，一边唱：

我们是可爱的小鸟，

是人类亲密的朋友；

我们用自己的美丽，

给森林编织锦绣；

我们用甜甜的歌喉，

为人类排解忧愁……

这时，鸟儿们惊愕地发现，猎人把猎枪放下了，继而又听见一个猎人在说："多可爱的小鸟，她用歌声欢迎我们，我

们干吗要去伤害他们呢？"猎人一转身走出了森林。

哇，想不到雪儿用歌声征服了猎人，大家围着她高兴得又蹦又跳。从此，在西双版纳大森林里，便传诵着一个迷人的、关于白冠画眉鸟的故事。

43

# 红红的山楂果

在一座大山谷里，有一棵山楂树。也许那里太偏僻，或者她长得太瘦、太矮、太不起眼儿，谁都不肯来光顾她。她十分地孤独。

正是春天，山楂树开花了，白白的花儿开得很旺。她知道，花儿只有经过授粉才会结出果实。

此时，她多盼望小蜜蜂、小蝴蝶来为她授粉，或者把她的花粉带走，让她的花儿没有白开。然而，竟没有一只小蜜蜂、小蝴蝶飞来，她失望极了。

"难道我真的不能结果？"她低着头，不停地叹气。

距离花谢的时间越来越近了，山楂树显得越发苍老了，甚至连叶子也不那么翠绿了。

山楂树的叹气声惊动了正在旅行的风儿，他停下脚步，问山楂树："什么事令你这样不开心？"

山楂树讲了原因，风儿笑着安慰她："就让我来为你传播花粉吧！"

山楂树不敢相信这是真的，因为她只知道一些长翅膀的昆虫可以传播花粉，没听说风儿也能传播花粉。尽管这样，山楂树还是很感谢风儿的好心。

这时，风儿鼓起嘴巴，用力一吹，山楂树摇动起来，那些棒槌状的花粉立刻离开了花儿，轻悠悠地飘了起来。小花粉们朝山楂树招招手，随着风儿飞走了。不久，山楂树看到一批批从远处飘来的花粉落到自己的花瓣上。她高兴得直擦眼泪，因为她不再担心结不出果子了。

山楂树知道，这一切都是风儿的功劳。她多想说几句感谢的话，然而，风儿走了，又继续他的旅行。

从此以后，山楂树又恢复了青春。到了秋天，她摇动着满树红红的果子，"哗啦啦，哗啦啦"，那是她献给风儿的赞歌。

# 送 梦

这是一个不安静的夜晚。

小蘑菇们像往常一样，又排起整齐的队伍，一动不动地站在大树下。他们像群威武的小兵，正接受夜妈妈的任务：把一个个甜梦送给森林里的每一只小动物。

47

小蘑菇们把一只只装梦的袋子背在身上，随时准备出发。

今天夜里，天上没有月亮，也见不到星光，只有幽暗把大地罩得像一块黑幕。

小蘑菇们可不在乎这些，只要能让每只小动物都拥有一个甜甜、香香的梦，即使再困难也高兴。

咦，什么时候下起雨了？小蘑菇们可不怕雨，他们都有一把美丽的小伞，那伞儿是圆的，撑开来像农民头上戴的草帽。

雨点儿打在伞盖上，"噼里啪啦，噼里啪啦"，像奏响的小曲。

不知谁喊了一声："出发了！"

小蘑菇们一转身，齐唰唰地上路了，一长排美丽的小伞来回晃动，就像舞蹈一样优美。

49

哈，小蘑菇们走得好威武、好精神呀！一个个挺着小胸脯，甩动小胳膊，"踏踏，踏踏"，可带劲了！

雨越下越大，森林里好像挂起一道道雨帘。

一个小蘑菇说："小白兔胆子可是很小呀，快把梦送给他吧，让他早早地睡个安稳觉。"小蘑菇们都点点头，脚步匆匆，向小白兔家走去。

另一个小蘑菇说："山雉宝宝刚学会独立生活，大雨会让他不安的，快把梦送给他吧，让他在梦里开心地和小伙伴玩耍！"

小蘑菇的两脚，溅起无数朵水花。

"小刺猬最害怕打雷下雨，咱们把梦送给他吧，让他在梦里去拥抱红红的太阳。"

小蘑菇们把小伞摇得更欢了。

"小松鼠忙了一天，太累了，快把梦送给他吧，让他在安逸中解除一天的疲劳。"

小蘑菇们不停地催促自己，脚步迈得更欢了。

就这样，小蘑菇们把装着梦的袋子送给小白兔、山雉宝宝、小刺猬、小松鼠……送给每一只小动物。

这是一个暴雨如注的夜晚，小动物们都枕着小蘑菇送来的甜梦入睡了，睡得那样香，那样沉！

小蘑菇们呢，依然擎着美丽的小伞，继续大步走，他们要把甜美、静谧、祥和，送到森林的每一个角落……

# 快乐的夏天

夏天，是快乐的。

谁最快乐？当然是习习的风儿。

你瞧，它迈着碎步，在山野上遛弯儿，

一边走一边吹着口哨，还不时地同路边的

小树打声招呼。它见小草站在那儿东张

西望，便走过去朝它腋下一挠，痒得小草

弯着腰咯咯笑个不止。风儿装着没事的样子，又继续往前走。

不远处，蝴蝶正和花儿聊天，风儿凑过去想听听它们在聊些什么，谁知蜜蜂却飞来了，"嗡嗡嗡"唱起小曲。风儿听不到聊天内容，只好跑去跟螳螂跳起"踢踏舞"。

除了风儿，田里的庄稼也很快乐。你瞧，金黄的麦穗举起小号，在山野上"嘀嘀嗒嗒"吹着。再有几天麦子就要

53

收割了，那翻滚的金浪，就是写给农民的诗行，每一行诗，都跳荡着丰收的喜悦；刚刚吐穗儿的谷子、高粱，这时候也都甩动着绿叶，撒欢儿扭着，发出悦耳的拔节声。黄豆荚儿、绿豆荚儿里面都盛满快乐，这些快乐都争着往外跳，把豆荚儿鼓得又大又圆；还有那些怀抱宝宝的玉米妈妈、鼓着腮帮想笑的棉桃……它们都在合力演奏一支快乐的《丰收曲》。

其实，快乐的还有那些小虫虫。你看，树上的蝉儿、豆棵下的蟋蟀、瓜地里的蝈蝈，整天亮着嗓门，"鸣儿鸣儿""喔喔喔喔""蝈蝈蝈蝈"唱个不停；那些爱蹦爱跳的纺织娘、小蚂蚱、刀郎哥，也从早到晚没有消停过。它们用歌声和舞步，抒发着对夏天的赞美，而夏天呢，也在虫虫的歌声和舞步中，热闹得像唱戏一般！

然而，最最快乐的，还是那些闲不住的小朋友！

你看，他们来到青青的草地，采着花儿，捉着蚂蚱，开心得像蝴蝶飞来飞去。热了，往湖里一钻，扬起白白的水花；累了，往草地上一躺，看云儿在变魔术。

哦，夏天，是快乐的季节，所有的生命，都在释放自己，都在快乐中长高！

# 老鲨鱼的书签

老鲨鱼老了，老得浑身满是皱纹，走路也晃晃悠悠。老鲨鱼爱看书，可是，看了几页就打起瞌睡，把书本一丢，就"呼噜"起来。

老鲨鱼的书很怪，一放下，就会自动合上。老鲨鱼醒来后只得从头看。前几页他几乎都能背下来，可是后面写的什么，他压根儿就不知道。

老鲨鱼还有一个特点：喜欢把书中的故事讲给小鱼儿们听。小鱼儿们也爱听故事。可是不久后，他们就发现老鲨鱼的故事总是老一套，没有新的内容，一个个都很失望。

小梭鱼说：“唉，老鲨鱼真的老了，一个故事絮叨个没完没了，把耳朵都磨出茧了。”

聪明的枯叶鱼却对大家说：“你们发现没？老鲨鱼的故事都是从书本上看来的，可他一睡觉，书就合上了，等他醒来又得从头看，总也看不完，所以我们听的故事总是一个样。咱们想个办法让他接着往下看吧，那样我们就会听到许多新故事了。”

57

胖头鱼眨巴眨巴眼睛说："我看咱们轮流值班吧，看住书，不让它合上，这样，老鲨鱼就不会重复看了。"

这可是好主意。

小梭鱼第一个值班。这家伙坐不住，看见伙伴在外面玩，他也跑出去玩，自然看不住书，书又合上了。

第二次值班轮到胖头鱼。他看老鲨鱼睡了，眼皮也跟着打架，结果还是没看住书。

老鲨鱼照常睡觉，书照常合上，他醒来照常从头看，他的故事照常重复。鱼儿们都埋怨小梭鱼和胖头鱼，说他俩很不专心。

这时，甲香鱼走来了，他的身体只有10厘米长，又扁又平，单薄得只剩下骨头，好像一张透明的纸。他对大家说："不用再轮班了，让我来当老鲨鱼的书签吧。"

老鲨鱼照常看书，看着，看着，眼皮又打架了，只见他把书一放，又"呼噜"起来。甲香鱼见老鲨鱼的书慢慢开始往一起合，就在这时，甲香鱼一个蹦高跳进书页里。等老鲨鱼醒来时，甲香鱼就大声喊："我给你的书做了记号，就从那一页开始看吧！"

老鲨鱼果然翻到了那一页，看见书中夹着身体薄而透明、形态很美的甲香鱼，高兴地说："以后你就做我的书签吧！"

从那以后，老鲨鱼每天看书时，总从甲香鱼所在的那一页看起，小鱼儿们又能听到老鲨鱼的新故事了。

大家都说："真要感谢书签鱼！"从此，甲香鱼便有了"书签鱼"这个雅号。

# 肚子里钻进贪食虫

野猪薇薇从外面跑回家，一进门就喊："妈妈，不好啦，狗熊贝贝的肚子里钻进贪食虫啦！"

妈妈正在洗菜，听女儿一说，抬起头吃惊地问："谁告诉你的？"

"是我亲眼看见的。"

"净瞎说，贝贝肚子里的贪食虫，你怎么会看得到？"

薇薇见妈妈不信，急了："真的，我不骗你，不信你去看看。"

妈妈见女儿一本正经的样子，就真的跟着薇薇去了。

这是秋天的大森林，枝头上缀着红山楂、黄水梨、白果，一串一串的，五颜六色，美得像一幅画儿。

薇薇和妈妈老远就看见狗熊贝贝正坐在树下吃白果，肚子鼓得像个小山包。

野猪妈妈望着地上丢的一堆堆果核儿，

61

吃惊地问：“贝贝，这是你吃剩下的果核儿吗？”

贝贝嘴里已经塞得满满的，无法回答，只是点头。这时，坐在树上的小松鼠开腔了：“贝贝从昨天中午就坐在这儿吃果子，足足吃了20多个小时。”

“天哪，这样吃下去，不是要把胃撑坏了吗？”这回轮到野猪妈妈担心了。她赶紧跑去找狐狸大夫：“快去看看吧，狗熊贝贝得了贪吃症啦！”

狐狸大夫一听，二话没说就跟着野猪妈妈跑到贝贝跟前，拿出听诊器一听，用体温计一测，哇，贝贝的心脏跳得十分缓慢，体温也低得吓人。狐狸大夫赶紧说：“快，快送他去医院。”

谁知贝贝却说：“我没病，干吗要去

医院！”说着，又大口大口吃了起来。

薇薇急了："贝贝哥哥，你肚子里钻进了贪食虫，再不治，肚子会被撑破的。"

野猪妈妈也在一旁说："快去治治吧，要不，会有危险的！"

贝贝却大声说："我真的没病，我在储备冬天的食物！"

大家以为他怕住院，才故意这样说。

这时贝贝的妈妈跑来了，她说："贝贝说得没有错，他没病。"

野猪妈妈不解地问："那他为什么会这样贪吃？"

熊妈妈解释道："到了冬天，食物少了，我们熊家族的成员就要冬眠。为了让身体有足够的营养过冬，冬眠前我们得大吃特吃，多储存一些食物。"

"可是，他的心跳太慢、体温太低了。"
狐狸大夫劝她，"还是带贝贝去检查一下吧！"

熊妈妈说："我的心跳也这样慢，体温也这样低，不信你测一测。"

狐狸大夫真的为她测了，果然和贝贝一样。

薇薇有些不解，自言自语地问："怎么会这样呢？"

熊妈妈笑了，她说："冬眠前和冬眠时，我们为了减少营养消耗，心跳就会减缓，血液流动减慢，体温也会下降。"

哇，原来是这么回事呀！野猪妈妈和薇薇都松了一口气。

不久，天上飘起了零零星星的雪花，狗熊贝贝跑来对薇薇说："我要去冬眠

了，等明年春天再来找你玩儿。"

薇薇拉着好朋友的手，不停地嘱咐：

"冬眠时，可要关好门窗呀，别感冒了。"

临走，她又大声说："贝贝，要做一个好

梦呀！"

# 塘里的"泥怪"

这天，小狐狸去看外婆。当他路过一片泥塘时，听到一阵"呜呜"声，抬头一看，只见塘里有一个胖乎乎的怪物，浑身全是泥巴，只露出一对黑溜溜的小眼睛和一长一短的尖角。

小狐狸不知道这是什么怪物，吓得撒腿就跑，边跑边喊："不好啦，塘里有'泥怪'啦！快逃呀！"

这一喊，把塘里的"泥怪"也惊动了，他跟在小狐狸后面没命地跑。小狐狸见"泥怪"追着自己，更是害怕，扯破嗓子喊："'泥怪'要吃我啦，救命呀！"他使出吃奶的力气，跑得更快了。

那些正在玩耍的小动物听见喊声都跟着逃命。他们也边跑边喊："快逃呀，'泥怪'来了！"

67

那只跟在小狐狸后面的"泥怪"听到大家喊，跑得更快了，不一会儿，就追上了小狐狸。

小狐狸再也跑不动了，趴在地上大口大口喘着粗气。当他听到"泥怪""呼哧呼哧"追来时，心想："完了，'泥怪'肯定要吃掉我了。"

他闭上双眼，等待厄运的到来。谁知"泥怪"并没有吃他，却慌慌张张地问："喂，小狐狸，告诉我'泥怪'在哪儿？"

小狐狸睁开眼，见"泥怪"和他一样恐惧，便结结巴巴地说："什么，你不就是'泥怪'吗？"

"泥怪"愣住了："怎么，我是'泥怪'？"老半天才醒过神，"哇，原来你把我当成'泥怪'了呀！"

小狐狸瞪大眼睛，胆战心惊地问：
"难道你不是吗？"

"泥怪"笑了："我怎么会是'泥怪'呢？我是刚搬到这里的小犀牛呀！"

小狐狸瞪大眼睛仔细一看，哇，可不是，他就是新搬来的小犀牛！

小狐狸生气地说："你不在家里待着，干吗要钻进泥塘扮成怪物吓人啊？"

小犀牛委屈地说："我没有扮'泥怪'吓人，我是在洗澡呀！"

"洗澡不去水塘，钻进泥塘干什么？"
小狐狸以为小犀牛在说谎，气得胸脯一起一伏。

其他小动物也围过来质问小犀牛：
"你洗澡干吗要在泥里打滚啊？"

小犀牛赶忙解释："我们犀牛最怕蚊

蝇叮咬，没办法，只好钻进泥塘了。"

小兔一听，气得打断他的话，责问道：

"谁不知道犀牛的皮肤刀砍不透、子弹射不穿，怎么会怕蚊蝇叮咬呀？再说，蚊蝇叮咬和你滚泥巴有什么关系？"

小犀牛为了解除大家的误会，赶忙伏下身子说："你们看，我的厚皮上有许多皱褶，皱褶和皱褶之间的皮肤十分单薄，那些蚊蝇、寄生虫就会从缝隙里钻进去叮咬，弄得我又痒又疼，没办法，我们只好钻进泥塘用泥巴把褶缝糊住，把躲在里面的坏家伙憋死！"

"啊，原来是这样呀！"知道了原因后，大家不再埋怨小犀牛了。

小狐狸说："看来，过去咱们缺乏了解，如果彼此都很了解，就不会发生这样的误会了。”

大家都点点头，说：“是呀，以后咱们要像一家人那样相互了解！”

小狐狸望着小犀牛，打趣道：“快去滚泥巴吧，以后我们再也不会把你当成‘泥怪’了。”

大家听了，都哈哈大笑起来。

# dōng mián de bái xiōng yāng jī
# 冬眠的白胸秧鸡

yì zhī xiǎo niǎo míng jiào gū dōng dōng　　tā wài biǎo xiàng jī
一只小鸟名叫咕咚咚，他外表像鸡，

xiōng qián hé dù zi shì bái sè de　　suǒ yǐ tā shì yì zhī bái xiōng
胸前和肚子是白色的，所以他是一只白胸

yāng jī
秧鸡。

qiū tiān dào le　　gū dōng dōng zhěng tiān máng zhe chī chóng
秋天到了，咕咚咚整天忙着吃虫

zi　　dà yàn duì tā shuō　　tiān lěng le　　píng nǐ zhè shēn dān
子。大雁对他说："天冷了，凭你这身单

bó de yǔ máo hěn nán guò dōng　　kuài gēn wǒ fēi dào wēn nuǎn de
薄的羽毛很难过冬，快跟我飞到温暖的

nán fāng qù ba
南方去吧！"

72

咕咚咚说：“谢谢你的好意。我的翅膀太小，没有力气飞到南方呀！”

天越来越冷了，大鹌鹑、小黄雀、胖黄鹂……都纷纷换上厚厚的羽毛，他们见咕咚咚仍然穿得单薄，便对他说：“快换上冬装吧，要不会冻坏的。”

咕咚咚说：“我家很穷，没有衣服可以换呀！”

大鹌鹑担心地说：“那不是要冻坏了吗？”

这时，妈妈喊咕咚咚：“快来呀，这里有一个干燥的石洞，正适合我们冬眠！”

73

"对不起，我要去冬眠了，来年再见。"

咕咚咚说着，跟着妈妈跑了。

大鹌鹑却愣住了："什么？鸟儿也冬眠？"

这时，鹧鸪鸟走来，问他："你发什么呆呀？"

大鹌鹑便把白胸秧鸡妈妈说的话又重复了一遍。鹧鸪鸟笑了："这有什么奇怪的，白胸秧鸡不能像大雁那样迁徙，身上又没有厚羽毛御寒，不躲进石洞里冬眠，怎样活呀！"

"可是，白胸秧鸡羽毛那么单薄，又不吃不喝，不会冻死、饿死吗？"

鹧鸪鸟解释道："白胸秧鸡住在不透风的洞里，冻不坏；他在洞里尽量减少呼吸，尽可能地减少消耗。这样，他就可以凭着身上的脂肪度过整整一个冬天。"

大鹌鹑听了，还是有些半信半疑。

漫长的冬天，终于被春姑娘的谣曲送走了。南来的大雁抖着欢快的翅膀唱起了"哏嘎"歌，大鹌鹑也歪愣着两腿走出小屋。去年秋天时离别的好朋友们又见面了，大家少不了一阵亲热。

这时，大鹌鹑发现，鸟群中不见了咕咚咚，便大声喊："咕咚咚，你在哪里？"

"我在这儿哪！"

大鹌鹑回头一看，见咕咚咚和他的妈妈正缓缓走来，他们已经瘦得皮包骨头了。

到这时，大鹌鹑才相信白胸秧鸡会冬眠，知道自己的担心是多余的。

# 被吻死的蜗牛

听说，有被打死的、咬死的、杀死的，还从来没听说有被吻死的。不会是瞎编的吧？

别急，听完蜗牛的死，你就知道这是真的，不是打诳语！

76

这是晨光明媚的六月天，螳螂大哥照例外出巡逻。当他走进棉花地时，发现一只蜗牛死在棉株下。

"蜗牛死得很奇特，只剩下一个蜗牛壳和一张皮，肉全都被吸净了。"

当螳螂大哥一五一十地向青蛙探长报告的时候，心里还在猜测：这是谁干的呢？

在场的七星瓢虫说："蜗牛专以植物的茎叶、花果及根为食，是危害农业的害虫。"

77

二十八星瓢虫却持不同意见："即使蜗牛吃了棉茎，也罪不致死。再说，棉茎是不是蜗牛咬的，还不一定呢！"

二十八星瓢虫也是农业害虫，对蜗牛惺惺相惜，令蜻蜓很是反感。蜻蜓指着棉茎上的齿印说："谁不知道蜗牛有近25600颗牙齿，是世界上牙齿最多的动物。你看这棉茎上密密麻麻的齿印，不足以证明棉茎是蜗牛咬的吗？"

二十八星瓢虫怕引火烧身，赶紧溜了。

青蛙探长说："查清案子，是我们的职责。对坏人要查，查清了才能惩罚。同样，对好人也要查，查清了，才能去表彰他！"

探长说得有道理，于是大家便七嘴八

舌地猜测起来。

青蛙探长说："这样猜测漫无边际，我看先划定范围，再采取排除法，这样，目标范围就缩小了。"

"好主意！"螳螂大哥抢先说，"蜗牛的天敌有鸡、鸭、鸟、蟾蜍、乌龟，还有蛇、刺猬、萤火虫……我看，鸡鸭整天在农家院里，可以排除。这只蜗牛是我在早晨发现的，可能是在夜里被杀的，而鸟、蟾蜍、乌龟、蛇、刺猬一般都是昼出夜伏，吞食习惯是除蜗牛壳外整吞，不留皮。最后……"还没等螳螂大哥说下去，步甲虫便说："我来替你说吧，这是萤火虫干的，是我亲眼见到的。本来萤火虫不让我说，既然大家都在寻找除害英雄，我就把真相说出来吧！"

79

原来萤火虫每天一落黑，就提着灯笼四处巡逻。这天夜里，他正飞着，忽听到棉田里传来"喳喳"声，飞近一看，只见一只小蜗牛正在吃棉茎。萤火虫怕惊动了蜗牛，让他缩进壳里，便灵机一动，大声对蜗牛说："你好，亲爱的朋友。"

蜗牛被灯光晃得看不清是谁，赶紧把身子缩回他的小屋。

萤火虫走过去用头顶上的颚在蜗牛壳上轻轻敲了敲："喂，干吗这样对待朋

友，我可是诚心诚意地来拜访你呀！"

"你是谁呀？我怎么会是你的朋友呢？"

萤火虫笑了："你不是蜗牛吗？怎么把老朋友忘了呢？"

蜗牛见他说话很客气，便大着胆子出了小屋。

萤火虫见了，十分热情地抱住他，不停敲着他的背，还用力吻着他，把蜗牛吻得迷迷瞪瞪的。

原来，萤火虫的一抱二吻三敲，其实是在用口器把消化液注进蜗牛的体内，消化液的麻醉作用会使蜗牛立刻失去知觉；这时，萤火虫会再敲蜗牛几下，把另一种液体注射进蜗牛体内，使他变成一摊液体，而萤火虫则用管状的嘴把肉汤喝下去。

虫儿们听完步甲虫的叙述后，都发出"啧啧"的赞叹声。

七星瓢虫说："想不到萤火虫除害的本领这样高！"

小蜜蜂也说："益虫阵营有这样的除害英雄，真值得骄傲。"

这时，青蛙探长很想见见萤火虫，步甲虫告诉他，萤火虫夜里巡逻，现在正在睡觉。青蛙探长耸耸肩，手一摊，显出一副很遗憾的样子。

# 蚊子五姐妹

夏天的中午，天气又闷又热，小猫睡了，小狗睡了，小猪也打起了呼噜。院子里静静的，只有风儿吹动树叶的沙沙声。

在院子的一个角落里，住着蚊子一家，家里有五个姐妹。

白天的时间显得特别长，太阳就像一个上了年纪的老爷爷，半天才挪一步，急得蚊子老五说："什么时候才能熬到晚上？"因为只有晚上蚊子们才可以尽情地吃、快乐地玩。

蚊子老三接上话茬："咱们在这里干等着多无聊呀！我看不如都说说自己的本事吧！"

"这主意好！"大家异口同声地说。

接着又一齐喊："我先说。"

蚊子老大把手一摆，摆出一副大姐的架势："一来二来从大来，不能坏了规矩。"

大家都不吱声了。

于是，蚊子老大先开腔了："要说本事嘛，"她把头一扬，十分得意地说，"嘿嘿！我可是顶顶有名的飞行大将军，不仅能侧飞、倒飞，还能大头朝下飞；就是刮风下雨，我也不怕，不信，我飞给你们看看。"

说着，她翅膀一抖，真的飞出去了。

四姐妹睁大眼睛看呀看，什么也没看到，又坐在那儿等呀等，半天不见蚊子老大回来。

"怎么回事？"老四眼睛瞪得圆圆的。

"我看她准是遇到什么美味，去享受了。"

其实，蚊子老大才没这样好运，她一

出门就碰上了燕子，还没来得及跑，就被燕子吞了下去。

这时，蚊子老二不耐烦了："不等她了，该我说。"她亮亮嗓门儿，把声音一下提高八度："谁不知道我是个吸血大将军！你看我的嘴巴，有一个吸血器，吸血器里有一根螯针，只要往人身上一扎，嘻嘻，一管血立刻会被我吸进肚里。不信？我去吸给你们看看。"

屋子里，一位老奶奶正在睡午觉。蚊子老二飞了进去，刚落到老奶奶的脸上，就听"叭"的一声，蚊子老二不见了。

"二姐哪儿去了？"蚊子老五喊道。

蚊子老三急不可耐地说："不去管她，现在该我说了。"她把胸脯使劲挺了挺，趾高气扬地说："什么这个将那个军的，全是假的，我才是真正名副其实的无敌大将军！鸡鹅鸭，我敢去咬；牛马羊，我敢去叮；我还能把大象咬得直咧嘴，把乌龟叮得直龇牙。"

蚊子老三为了让两个妹妹开开眼，说一声"你们看我的！"就飞到了街上那头老黄牛身上。谁知那牛的尾巴一甩，不偏不倚正好砸在她身上。

现在只剩下蚊子老四和老五了。她们才不管三个姐姐发生了什么事，继续显摆自己。

蚊子老四说："我是信息大将军，腿上有感觉毛，靠它知道谁的血液好。"

蚊子老五说："你那点儿本事算啥？我的感觉比你灵，知道冷和热，要是被人发现了，没等巴掌到，我早就逃跑了。"

她俩互不服气，为了证实谁的感觉最灵敏，争着飞到老奶奶身上。谁知老奶奶的感觉更灵，一伸手，"叭"，把蚊子老四拍死了。蚊子老五吓得逃出窗外，慌乱中竟一头撞进蜘蛛网里，成了蜘蛛肚中食。

现在，院子的角落里静静的，曾在这里夸口的蚊子五姐妹永远消失了。正在睡梦中的小猫、小狗、小猪不知刚才发生了什么事，依然打着呼噜。

# 神奇的彩虹桥

小水滴正排着大队兴高采烈地往地上跳，风婆婆跑来了，大声说："别跳了，别跳了，地上的雨水够了。"说着，用嘴巴一吹，把云儿吹走了。

这时，太阳公公出来了。他见小水滴个个都噘着小嘴巴，便问："孩子们，干吗不高兴呀？"

小水滴说："风婆婆偏心眼儿，我们也想到地上去让禾苗喝个饱，让小河长得胖，可她硬是不让我们去！"

太阳公公笑了，他说："风婆婆不是偏心眼儿，地上已经下了那么多雨，你们再下去，禾苗就会被淹，那样，好事就变

chéng huài shì le
成坏事了。”

kě shì　　 wǒ men liú zài tiān shàng duō wú liáo ya
“可是，我们留在天上多无聊呀！”

bié jí　 bié jí　　 wǒ men lái zuò yí gè yóu xì
“别急，别急，我们来做一个游戏

hǎo ma
好吗？”

xiǎo shuǐ dī yì tīng shuō yóu xì　　 lè de yòu bèng yòu tiào
小水滴一听说游戏，乐得又蹦又跳。

tài yáng gōng gong shuō　　　　 nǐ men xiàn zài bǎ duì pái hǎo
太阳公公说：“你们现在把队排好，

tīng wǒ zhǐ huī
听我指挥。”

xiǎo shuǐ dī hěn tīng huà　　 dōu guāi guāi de zhàn hǎo duì
小水滴很听话，都乖乖地站好队。

xiàn zài dōu bú yào dòng　　　 zhǐ jiàn tài yáng gōng gong bǎ
“现在都不要动！”只见太阳公公把

wú shù guāng xiàn yì qí shè xiàng xiǎo shuǐ dī　　 guāng xiàn chuān guò xiǎo
无数光线一齐射向小水滴，光线穿过小

90

shuǐ dī hòu　　yòu cóng bèi miàn fǎn shè chū lái　　　tài yáng gōng gong bǎ
水滴后，又从背面反射出来。太阳公公把

guāng xiàn zài zhé shè yí cì　　　yú shì　　　tiān shàng hěn kuài jiù chū xiàn
光线再折射一次，于是，天上很快就出现

yí zuò hú xíng de qiáo
一座弧形的桥。

　　　　　zhè kě shì yí zuò shén qí de cǎi hóng qiáo ya　　　tā yóu hóng
　　　这可是一座神奇的彩虹桥呀，它由红、

chéng huáng lù qīng lán　　zǐ qī zhǒng yán sè zǔ chéng　　xiǎo
橙、黄、绿、青、蓝、紫七种颜色组成。小

shuǐ dī men gāo xìng jí le　　tā men lè de dà hǎn　　　wǒ men duō
水滴们高兴极了，他们乐得大喊："我们多

bàng ya　　wǒ men biàn chéng yí zuò měi lì de cǎi hóng qiáo le
棒呀，我们变成一座美丽的彩虹桥了！"

91

这时，地上的小朋友都跑出家门，仰着脸儿往天上看，拍着小手喊："看呀，多美的七色彩虹！"

一个小朋友大喊："彩虹彩虹快下来，驮我上天去玩耍！"

小水滴们更开心了。一个小水滴说："对呀，咱们快到地上去吧，让那些小朋友顺着咱们的桥到天上来玩！"

小水滴们齐声说："这主意真好！"

于是，他们一起走。走呀走，一会儿就不见了。

这神奇的七色桥到哪儿去了？是不是真的走到地上了？那些小朋友真的顺着七色桥到天上玩耍了吗？嘻嘻，这个我可不知道，你去问问那些看过彩虹的小朋友吧！也许他们会告诉你！

名著导读课堂
作家故事影像
阅读技巧点拨
漫游世界名著
扫码获取

# 露珠圆圆

这是初夏的早晨，小草儿又舒动着胳膊，开始做操了。风儿轻轻，叶儿摇摇，小草多开心呀！

"哈哈，多舒服的秋千！"

"谁在说话？"小草吃了一惊，停止了运动。

"是我，小露珠圆圆呀，你没看到吗？"

小草低头一看，在他的叶片上，果然有一颗圆圆亮亮的水珠。

93

"你怎么会跑到我身上？"

圆圆鼓着圆嘴巴，歪着圆脑袋问：

"你看我长腿了吗？怎么说我'跑'到你身上呢？"

这就怪了。他记得昨晚睡觉时，叶面上光光的，什么也没有，怎么醒来就有了这可爱的小家伙呢？他糊涂了："既然你没长腿，又不会跑，怎么会在我身上呢？"

圆圆笑了，说："这要问你呀！"

"问我？我怎么会知道？你要是再不说，我可要把你撵下去了！"小草想吓唬圆圆，摇了一下身子。

圆圆当真了，赶忙说："别摇，别摇，我告诉你还不行吗？"

嗬，这小家伙胆子真小。

94

圆圆告诉他："我本来是水蒸气，就在你叶面附近来回跑。夜里，温度下降了，水蒸气遇冷，就凝在一起，变成了露珠。"

小草望着这个浑身透明的圆圆，很是喜欢，便对圆圆说："跟我一起做操好吗？

圆圆说："我不会做操，只会打秋千，不过你别做得太快，把我甩到地上。"

小草点点头，开始轻轻摇动身子。这时圆圆随着叶片一上一下，来回滚动起来，一边滚，一边唱："我是露珠小圆圆，跟着小草打秋千，左滚滚，右滚滚，云儿跟我来回转。"

小草和着圆圆的歌，手臂舒动得那么有节奏。

太阳出来了，抖着金胡子，露出慈爱的笑脸。小草摇着摇着，突然听不见圆圆的歌声了，低头一看，圆圆不见了。小草大喊："圆圆，你在哪儿？"只听远处传来细细的声音："太阳公公叫我哪，我要去他那儿听故事了。"

小草不明白："这个没长腿的圆圆，怎么说跑就跑了呢？"

# 会走的村庄

水蒸气娃娃们又聚在一起，蹦呀，跳呀，开心极了。玩累了，各自要回家了。

一个水蒸气娃娃不高兴地说："干吗要分开呢？整天在一起多有意思呀！"

"可是，不分开咱们住在哪儿呢？"另一个水蒸气娃娃说。

"有啦，"一个"小机灵"眼睛一眨，突然说，"我看咱们建个新村吧，那样，就可以住在一起不分开了。"

"这是个好办法。"大家异口同声地说。

可是，新村怎么建呢？

还是"小机灵"点子多："咱们去求'冷空气'先生帮忙，他可是出色的建筑师呀！"

于是，大家跑去找"冷空气"先生。

"冷空气"先生很热情，满口答应了。

他说："你们都站成一排，我用'凝结'术，把你们联结在一起，这样，就会出现一座村庄，你们住在上面，以后就不用再分开了！"

水蒸气娃娃们按照"冷空气"先生

的要求，都乖乖站好，只觉一阵凉气袭来，大家一下聚在了一起。哈，天上立刻出现了一座村庄，"冷空气"先生给它起名叫"云"。

这座云村庄可神奇啦，它不仅能驮着水蒸气娃娃们到处去旅行，还会变哪！

这是太阳西下的傍晚，云村庄来到了西天，一下变红了，地上的小孩子高兴地喊："看呀，火烧云！"

水蒸气娃娃们不知道这是被夕阳余光染红的，只觉得好玩，乐得又蹦又跳。这时，又有许多水蒸气娃娃来到云村庄，把村庄压得东倒西歪。水蒸气娃娃实在太多了，密密麻麻的，远远一看，黑乎乎一片。

"不好啦，云村庄会被压沉的！快下去一些吧！"

一些胆大的水蒸气娃娃便开始"噼里啪啦"往下跳，于是，就变成了雨来到地上。

由于跳走了那么多水蒸气娃娃，云村庄一下变轻了。这时，它又像过去那样，在蓝蓝的天上轻盈盈、轻盈盈地飘……

# 雾妖妖

有一只怪怪鼠闲不住，四处遛弯儿。

这天，他来到大山里，突然听到一个细细的声音："风先生，我多少天没出门了，憋得浑身直冒汗，开开门，让我透透气吧！"

风先生摇摇头："雾妖妖，我要是放你出来，人们的正常生活会被你搅乱的。"

怪怪鼠只知道，雾妖妖有一种特异功能：吐出来的气白蒙蒙，像烟幕一样，会把什么都遮住，给人带来许多不便。想不到她会被关在这里！

雾妖妖见风先生不肯放她出去，赶

101

忙表白："其实，我不是麻烦制造者，相反，我会给大地披上银纱，给大山带来一种朦胧美，也会让那些飞机、汽车、轮船好好休息一下，他们从早忙到晚，太累了。"

风先生不吭声。雾妖妖见状，装出一副可怜兮兮的样子说："放我出去吧，我真的要憋死了。要不，你就把门开

个缝儿，一条细细的缝儿，能让我透口气就行。"

风先生心软了："好吧，我就开条细缝吧！不过，你可不能跑出小屋。"

怪怪鼠急了，刚想说"不能开门！"谁知风先生竟用扇子把门摇开一条缝儿，雾妖妖一下从门缝窜出，脸上的汗立刻聚成细细、密密、几乎看不见的小水滴。她撒着欢儿到处跑，

103

顷刻间大山、田野、村庄、城市全被遮住了，那些船只、飞机、汽车也全都无法行驶了。

怪怪鼠因没能制止风先生的行动，不停地责备自己。突然，他想起太阳公公，赶紧拨通太阳公公的电话。

太阳公公放下电话后，立刻把千万根金线射出去，雾妖妖见了，吓得捂着脑袋撒腿就跑，一头钻进小屋躲起来。

这时，怪怪鼠又听见汽车的喇叭声、轮船的鸣笛声、飞机的"轰轰"声，看到了大山雄伟的身姿、大地美丽的笑脸，他高兴得"吱吱"笑了。

# 神秘的隐身人

红毛狐狸正在散步，忽然窜出一只老虎，吓得红毛狐狸撒腿就往山上逃。老虎边追边"啊呜，啊呜"叫。几乎同时，四处也响起"啊呜啊呜"声。红毛狐狸傻眼了，想不到追他的会有这么多老虎！他向四周一张望，除了身后的老虎，再没有别的老虎了。他纳闷了：那些"啊呜"声是谁发出的？

追他的老虎也害怕了，停下来，冲着"啊呜"不停地"啊呜"起来。红毛狐狸趁这工夫逃走了。

当红毛狐狸向小兔讲起这段经历时，还觉得怪怪的。

小兔说："我看大山里准有一个神秘隐身人在救你！"

这时，大狗熊走来了，他问："什么神秘隐身人？"

红毛狐狸把自己的遭遇又说了一遍。

"怎么会呢？"大狗熊不信，要去山里看看。于是，大家都跟着去了。

那山很高，山与山之间有一个深深的峡谷，除了山岩和几棵树，什么也没有。

红毛狐狸喊："喂，神秘隐身人，你在哪儿？"

对面的山里立刻传来同样一句话：

"喂，神秘隐身人，你在哪儿？"

大家吓了一跳，仔细看看，什么人也没有。

这时，小兔壮着胆子大喊起来："你就是神秘隐身人，怎么反倒问我们？"

对面又传来同样的声音："你就是神秘隐身人，怎么反倒问我们？"

小兔气得把脚一跺："你干吗不露面，老学我们讲话？有本事站出来让我们看看！"

对面又传来同样的话。

红毛狐狸还想喊，被大狗熊制止了，大狗熊说："我知道这个神秘隐身人是谁了。"

"是谁？"

大狗熊说："它是'回声'。"

"'回声'是谁？"小兔不解地问。

大狗熊说："'回声'，就是发出的声音碰到高楼、大山这些很大的东西后，被挡住又反射回来。刚才我们的喊声就是被对面大山反射回来的，所以，才和我们说的话一模一样。"

小兔和红毛狐狸一连又喊了好几遍，这才相信大狗熊说得没错。

尽管这样，红毛狐狸还是很感谢回声，因为它，自己才从老虎嘴下逃了一命。

# 爱爬树的小藤萝

一棵小藤萝身子太软，站不起来，只能在地上爬。他看到周围的大树，一棵棵顶天立地，站得笔直笔直，好美慕呀！

"我也是木本植物，怎么就站不起来呢？"

小藤萝不停地埋怨老天对他不公平。

"干吗要怨老天？"正在树上玩耍的小猴子说，"为什么不找找自身原因？"

"我有什么原因？难道我愿意在地上爬吗？"小藤萝不高兴地说。

小猴子是个热心人，没有介意小藤萝的话，反倒问："你在地上为什么会爬得这么远？"

"因为我茎上有一排排刷子似的根，能分泌黏液，靠它粘住地面，我才能到处爬！"

小猴子点点头，笑着说："既然你能在地上爬，为什么就不能用缠绕茎往树上爬呢？"

"对呀，我怎么就没想到呢？"小藤萝高兴极了。不久，他又失望了："谁肯让我爬呢？"

110

旁边有棵梧桐树对小藤萝说："我来做支柱，你就往我身上爬吧！"

小藤萝乐坏了，连说了几十个"谢谢"，然后抱紧树干，开始往梧桐树上爬。他用胳膊搂得紧紧的，一圈一圈来回缠绕，爬一下，歇一下。小猴子在一旁为他加油，梧桐树也鼓励他："别松劲，你会长得比我还高。"

终于，小藤萝爬上高高的树顶，看到了世界的美好。他对梧桐树说："谢谢你，没有你的支撑，不会有我的现在。"

梧桐树说："要谢，你就谢小猴子吧，是他帮你发现了自己，让你有了信心。"

小猴子却说："要谢就谢你自己吧，因为是你发挥了自己的长处。"

小藤萝站在梧桐树上，把一串串花穗儿作为礼物献给梧桐树；又把长满绿叶的枝条伸展开，那是他用双臂在欢迎小猴子前来做客哪！

# 小猫找家

这天，小猫咕咕丁和俐俐一起出去玩耍。

正是初秋季节，满山遍野花花绿绿，美得像一幅画儿。咕咕丁和俐俐一边采着鲜花，一边唱着歌，不知不觉走出好远。

前面是一片森林，他们走进去采蘑菇。谁知三转两转，竟迷路了。咕咕丁只知道他们离开家后一直往南走，可是，哪儿是南，哪儿是北呢？俐俐急得直跺脚，咕咕丁却说："别急，会有办法的。"

咕咕丁来到一个树墩前看了又看，然后用手一指："这就是北。"

俐俐不信："你怎么知道呢？"

"是树墩告诉我的呀！"咕咕丁指着上面一圈一圈的印痕，"这是树的年轮，上面有多少圈，就说明这棵树生长了多少年。"

俐俐不明白："年轮和方向有什么关系？"

"有关系呀！朝南的一边，接受太阳照射的时间多，圈就稀疏；朝北的一边，太阳照射的时间少，圈就密。"

哈，原来树的年轮也会指方向呀！俐俐乐得又蹦又跳，跟着咕咕丁很快就走出了树林。

这时，天阴阴的，快要下雨了，他们急忙往北走去。谁知走到山下又分不出东南西北了。

咕咕丁跑到山上看了起来。俐俐不高

兴地说：“不找路，还有心思看光景！”

咕咕丁才不理会俐俐的不满，看了半天，大声说：“知道了，那就是北！”

俐俐好奇怪：“你怎么知道呢？”

咕咕丁说：“你看这里的小草又密又绿，说明阳光充足，是南坡；那边的草很稀很矮，说明太阳照不到，是北坡。”

“有道理。”俐俐跟着咕咕丁向北

115

走去。

不久，他们又迷失了方向。咕咕丁说："前面是果园，咱们到那里去问问。"

果树又不会说话，怎么问呀？

谁知咕咕丁只往树上的苹果看了一眼，便说："走！"接着向左拐去。

俐俐奇怪地问："你还没问，怎么就知道哪儿是北？"

咕咕丁笑了："我问了，你看树上的苹果，红的一面就是南。"

哇，原来苹果受光的那一面是红颜色的，背光的一面是绿颜色的！

咕咕丁和俐俐很快就找到家。俐俐高兴地说："以后，我再也不怕走丢了，因为植物会告诉我哪儿是南，哪儿是北。"

# 下雨的时候

乌云翻卷着，整个天空像被罩上了黑幕，遮住蓝天，遮住太阳，看不到半点儿光亮。不一会儿，云层中便发出耀眼的闪电，响起"隆隆"的雷声。

"闪来了，雷响了，天上大雨要下了！"小朋友拍着手儿喊。

不久，雨婆婆果真坐着马车来了。前面是闪电开路，雷儿擂鼓，后面是风在呐喊，"踏踏踏"，好一个气魄雄伟、声势浩大的雨婆婆！

其实，最先知道雨婆婆要来的，是那些可爱的燕子。"燕子飞得低，老天要下雨。"一到这时候，空气里便弥漫着重重

的湿气，虫儿们都飞得很低，而最爱吃虫

儿的燕子，自然也飞得很低。

知道雨婆婆要来的，还有蚂蚁。"蚂

蚁搬家，大雨哗哗。"因为大雨到来前，

空气的湿度较高，感觉灵敏的蚂蚁都争着

搬家到高处。

还有那些蛇、蛤蟆、蜗牛、蚯蚓……

也都是天气预报的"专家"！

"蛇儿出洞，大雨咚咚。"那是因

为雨前空气太湿、天气闷热，蛇在洞里待

bú zhù
不住。

qīng wā jiào guā guā　　dà yǔ piáo pō xià　　　nà shì
　　"青蛙叫呱呱，大雨瓢泼下！" 那是

yīn wèi qīng wā de pí fū jí qì guān duì tiān qì tè bié mǐn gǎn
因为青蛙的皮肤及器官对天气特别敏感，

fēng yǔ lái lín shí　　tā men jiù huì jí tǐ míng jiào
风雨来临时，它们就会集体鸣叫。

yí jiàn dào zhè xiē zhēng zhào　　niǎo ér men biàn huì fēi jìn
　　一见到这些征兆，鸟儿们便会飞进

shù lín li duǒ qǐ lái　　xiǎo māo jiù huì tiào dào kàng shàng pā xià
树林里躲起来，小猫就会跳到炕上趴下，

xiǎo jī jiù huì táo huí wō li cáng qǐ lái　　ér nà xiē tián li xiǎo
小鸡就会逃回窝里藏起来。而那些田里小

miáo　　shān shàng huā cǎo　　lín li shù mù　　què lè de shǒu wǔ zú
苗、山上花草、林里树木，却乐得手舞足

dǎo　　tā men diǎn qǐ jiǎo　　shēn zhe gē bo　　pāi zhe xiǎo shǒu
蹈。它们踮起脚，伸着胳膊，拍着小手，

zhāng zhe zuǐ　　zài huān yíng yǔ pó po de dào lái
张着嘴，在欢迎雨婆婆的到来。

jīng guò cháng tú bá shè de yǔ pó po zhōng yú jiàng lín
　　经过长途跋涉的雨婆婆终于降临

119

了，于是，天和地立刻奏起"雷与雨"的交响曲，千万根雨丝在风中舞动，为大地织出蒙蒙的雨幕。

山野间流淌的小河，这时格外欢畅起来，雨婆婆撒下的银线变成无数个泡泡，像一串串银珠挂在小河的脖子上，逗得鱼儿也纷纷跃出水面，把河里的泡泡当成鱼食去追！

大雨"噼里啪啦"，小河"叮叮咚咚"，青蛙"呱呱呱呱"，它们一齐唱响雨中的快乐。

这时，大地被滋润得酥软，山野被染得翠绿，一个美丽的夏天变得更加蓬勃了！

# 秋雨

qiū yǔ

shuā shuā shuā shuā
唰唰，唰唰，
shì shuí zài chàng xiǎo qǔ
是谁在唱小曲？

xiǎo qǔ piāo zhe jīn gǔ de fāng xiāng
小曲飘着金谷的芳香，
liú yì zhe hóng guǒ de tián mì
流溢着红果的甜蜜，
yì shēng yì shēng
一声，一声，
tǎng jìn nóng mín de xīn lǐ
淌进农民的心里。

wǒ duō xiǎng dǎ kāi lù yīn jī
我多想打开录音机，
lù xià zhè mí rén de xuán lǜ
录下这迷人的旋律。
gěi dōng de dà dì
给冬的大地，
yí gè guān yú qiū de huí yì
一个关于秋的回忆。

# 妈妈，让我飞出去吧

妈妈，我心里有只小鸟，

你听，你听，

它在咕咕、咕咕地叫。

天地多么宽广，

阳光多么美好，

放我出去吧，

我要飞往田野，

听纺织娘奏乐，

看金凤蝶舞蹈；

122

wǒ yào fēi jìn sēn lín
我要飞进森林，

kàn shān lí zi zěn yàng pá shù
看山狸子怎样爬树，

qiáo lǎo wū yā zěn yàng zhù cháo
瞧老乌鸦怎样筑巢；

wǒ yào fēi dào táng biān
我要飞到塘边，

guān chá hóng lǐ yú zěn yàng tǔ pào pao
观察红鲤鱼怎样吐泡泡，

yán jiū cháng tuǐ xiā wèi shá gōng zhe yāo
研究长腿虾为啥弓着腰。

……

mā ma zhēn de
妈妈，真的！

wǒ xīn lǐ yǒu yì zhī xiǎo niǎo
我心里有一只小鸟，

ràng tā fēi chū qù ba
让它飞出去吧，

chì bǎng yuè fēi yuè yìng běn shi yuè fēi yuè gāo
翅膀越飞越硬，本事越飞越高……

123

# tóng nián zài nǎ lǐ
# 童年在哪里

tà zhe rén shēng de lù
踏着人生的路，
wǒ zǒu le hěn yuǎn hěn yuǎn
我走了很远很远，
zài wǒ mǎn tóu bái fà shí
在我满头白发时，
xiǎng zhǎo huí shì qù de tóng nián
想找回逝去的童年。

tóng nián zài nǎ lǐ
童年在哪里？
hái zài cūn qián de xiǎo hé li ma
还在村前的小河里吗？
piāo liú de zhǐ chuán
漂流的纸船，
shì bú shì hái zài shuǐ bō li xuán zhuǎn
是不是还在水波里旋转？

tóng nián zài nǎ lǐ
童年在哪里？
hái zài gāo gāo de tiān shang ma
还在高高的天上吗？
fàng fēi de fēng zheng
放飞的风筝，

是不是还在把云儿追赶？

童年在哪里？

还在上学的小路上吗？

小伙伴的笑声，

是不是还留在路边的花间？


我看到春天里的小草，

正吐出嫩嫩的绿芽儿；

听到一年级老师，

拿着名册，正把我的名字喊……


我的心怦然一动，

啊，我终于找回了童年，

它在孩子的笑声里，

和春天一起，永远亮得耀眼。

# 爸爸的诗集
bà ba de shī jí

爸爸能写一笔好字，
bà ba néng xiě yì bǐ hǎo zì

爸爸能写一手好诗。
bà ba néng xiě yì shǒu hǎo shī

他的字不留纸上，
tā de zì bù liú zhǐ shàng

他的诗没有发表。
tā de shī méi yǒu fā biǎo

锄头是支大笔，
chú tou shì zhī dà bǐ

稻田是张稿纸。
dào tián shì zhāng gǎo zhǐ

秧苗是秀丽的文字，
yāng miáo shì xiù lì de wén zì

稻浪是闪光的诗句。
dào làng shì shǎn guāng de shī jù

126

从春天一直写到秋天，
心血和汗水在诗里凝聚。

当秋的大地五谷飘香，
爸爸的诗集也出版了。

你看，那丰收的场院，
不正展出那本金灿灿的诗集！

# yíng chūn huā
# 迎春花

bīng xuě hái méi róng jìn
冰雪还没融尽，

yíng chūn huā yǐ jīng kāi mǎn shān ào
迎春花已经开满山坳，

yí chuàn yí chuàn
一串一串，

hǎo xiàng jīn sè de xiǎo hào
好像金色的小号，

zài liào qiào de hán fēng li
在料峭的寒风里，

128

chuī xiǎng chūn de gē yáo
吹 响 春 的 歌谣——

tā yào huàn xǐng xiǎo cǎo
它 要 唤 醒 小 草，

kuài qù rǎn lǜ shān lǐng
快 去 染 绿 山 岭；

tā yào jiào qǐ qīng wā
它 要 叫 起 青 蛙，

kuài kuài chū lái zuò cāo
快 快 出 来 做 操；

tā yào gào su hái zi
它 要 告 诉 孩 子，

chūn tiān yǐ jīng lái dào
春 天 已 经 来 到，

kuài fàng fēi měi lì de fēng zheng
快 放 飞 美 丽 的 风 筝，

qù zhuī zhú fēi xiáng de xiǎo niǎo
去 追 逐 飞 翔 的 小 鸟。

# 春在小湖里
chūn zài xiǎo hú li

小草刚把泥土顶破，
xiǎo cǎo gāng bǎ ní tǔ dǐng pò

花枝还没绣上骨朵儿，
huā zhī hái méi xiù shàng gǔ duor

在那蓝蓝的小湖里，
zài nà lán lán de xiǎo hú li

怎么会开出洁白的花朵？
zěn me huì kāi chū jié bái de huā duǒ


那花儿好大好美，
nà huā ér hǎo dà hǎo měi

像夏天盛开的白荷，
xiàng xià tiān shèng kāi de bái hé

这时，不知从哪儿飞来
zhè shí bù zhī cóng nǎr fēi lái

一只快活的蝴蝶。
yì zhī kuài huo de hú dié

130

yí huìr gāo， yí huìr dī
一会儿高，一会儿低，

rào zhe huā duǒ liàn liàn bù shě
绕着花朵恋恋不舍，

mò fēi dà zì rán luàn le fāng cùn
莫非大自然乱了方寸，

jìng shǐ jì jié yīn chā yáng cuò
竟使季节阴差阳错？

tū rán hú biān chuán lái gē gē de xiào shēng
突然，湖边传来咯咯的笑声，

yì gēn yín xiàn jiě chú wǒ xīn zhōng de yí huò
一根银线解除我心中的疑惑。

à tiān shàng de fēng zheng zhèng zhuī zhe bái yún
啊，天上的风筝正追着白云，

xiǎo hú li zhuāng zhe chūn de shì jiè
小湖里装着春的世界。

131

# 夏天的狂欢
xià tiān de kuáng huān

又一个美妙的夏天，
yòu yí gè měi miào de xià tiān

又一个节日的狂欢，
yòu yí gè jié rì de kuáng huān

田野上鼓乐齐鸣，
tián yě shàng gǔ yuè qí míng

沸腾起欢乐的呐喊。
fèi téng qǐ huān lè de nà hǎn

蝈蝈吹起长号，
guō guo chuī qǐ cháng hào

纺织娘弹起细长的丝弦，
fǎng zhī niáng tán qǐ xì cháng de sī xián

它们演奏的《狂欢曲》，
tā men yǎn zòu de kuáng huān qǔ

把观众醉得如梦如幻。
bǎ guān zhòng zuì de rú mèng rú huàn

xiǎo mì fēng tà zhe jié pāi bàn wǔ
小蜜蜂踏着节拍伴舞，

bǎ huā zhī ér niǔ de luàn chàn
把花枝儿扭得乱颤；

dié ér yě wǔ dòng chì bǎng
蝶儿也舞动翅膀，

yí bù yí gè lǜ de zú jì
一步一个绿的足迹。


shén tài yí xiàng ān xiáng de táng láng
神态一向安详的螳螂，

zhè shí yě shī qù wǎng rì de wěn jiàn
这时，也失去往日的稳健，

tā de liǎng bǎ lǜ sè dà dāo
它的两把绿色大刀，

zhí wǔ de tiān xuán dì zhuàn
直舞得天旋地转。


à zài zhè mí rén de shān yě
啊，在这迷人的山野，

fēn bù chū shuí shì guān zhòng shuí shì yǎn yuán
分不出谁是观众，谁是演员，

chóng ér men dōu shǐ chū hún shēn xiè shù
虫儿们都使出浑身解数，

bǎ xià tiān wǔ de gèng jiā bān lán
把夏天舞得更加斑斓！

133

# 逮 蝈蝈
<small>dǎi guō guo</small>

蝈蝈叫了，
<small>guō guo jiào le</small>

一声，一声。
<small>yì shēng yì shēng</small>

孩子听了，
<small>hái zi tīng le</small>

脚步轻轻。
<small>jiǎo bù qīng qīng</small>

两眼在草棵里寻找，
<small>liǎng yǎn zài cǎo kē li xún zhǎo</small>

小手在绿叶上拨动。
<small>xiǎo shǒu zài lǜ yè shàng bō dòng</small>

134

pèng suì le gǔn yuán de lù zhū
碰碎了滚圆的露珠，

dǒu luò le jīn huáng de huā fěn
抖落了金黄的花粉。

měng jiàn lù xū ér yì shǎn
猛见绿须儿一闪，

lè de xīn ér tū tū luàn bèng
乐得心儿突突乱蹦。

hā zhuō dào le zhuō dào le
哈，捉到了，捉到了，

yí jià lù sè de qín
一架绿色的琴。

135

# guō guo hé hái zi
# 蝈蝈和孩子

chuāng qián lǒng zi lǐ de guō guo
窗前，笼子里的蝈蝈，
zài guō guō guō guō de jiào
在“蝈蝈蝈蝈”地叫；
kàng shàng wǔ shuì de hái zi
炕上，午睡的孩子，
zài mèng li gē gē gē gē de xiào
在梦里“咯咯咯咯”地笑。

wèi guō guo nǐ wèi shén me
喂，蝈蝈，你为什么
jiào de zhè yàng qǐ jìn
叫得这样起劲？
wèi hái zi nǐ wèi shén me
喂，孩子，你为什么
xiào de zhè yàng měi hǎo
笑得这样美好？

shì bú shì kàn dào
是不是看到——
qīng wā zuò zài hé yè shàng
青蛙坐在荷叶上，
xiàng zhī xiǎo chuán lái huí yáo
像只小船来回摇；

pú gōng yīng dài dǐng xiǎo bái mào
蒲公英戴顶小白帽，

gēn zhe fēng ér dào chù piāo
跟着风儿到处飘。

huò zhě kàn dào
或者看到——

táng láng zhàn zài cǎo kē shàng
螳螂站在草棵上，

yí bèng yí bèng de shuǎ dà dāo
一蹦一蹦地耍大刀；

xī shuài zuò zài páng biān
蟋蟀坐在旁边，

qū qū qū qū　　hēng xiǎo diào
"喞喞喞喞"哼小调。

à　　 guō guo de jiào shēng
啊，蝈蝈的叫声，

zài hái zi mèng li rào
在孩子梦里绕；

hái zi de xiào shēng
孩子的笑声，

zài chuāng wài qīng qīng piāo
在窗外轻轻飘……

137

# 绿色的琴

踏着鲜花纷呈的草地，

走进绿叶浓郁的山林，

一阵山风吹来，

我听见袅袅不绝的琴音。


"咕咕" "唧唧" "喳喳"……

"哗啦啦" "叮叮咚"……

琴声是那样悦耳，

染绿了盈盈飘来的白云。


我问小树：

"那琴儿是你弹的吗？"

小树晃动绿叶，

huā lā lā　　xiǎng gè bù tíng
"哗拉拉"，响个不停。

wǒ wèn xiǎo hé
我问小河：
nà qín ér shì nǐ tán de ma
"那琴儿是你弹的吗？"
xiǎo hé yuè dòng lù bō
小河跃动绿波，
dīng dīng dōng　　pǎo chū shān lín
"叮叮咚"，跑出山林。

wǒ wèn xiǎo niǎo
我问小鸟：
nà qín ér shì nǐ tán de ma
"那琴儿是你弹的吗？"
xiǎo niǎo dǒu dòng chì bǎng
小鸟抖动翅膀，
gū gū　　　zhā zhā　　　fēi xiàng gāo kōng
"咕咕""喳喳"，飞向高空。

à　　wǒ míng bai le　　míng bai le
啊，我明白了，明白了，
shān lín jiù shì yí jià lù sè de qín
山林就是一架绿色的琴，
xiǎo niǎo　　xiǎo hé　　xiǎo shù shì yōu xiù de qín shǒu
小鸟、小河、小树是优秀的琴手，
shēng mìng jiāo xiǎng qǔ jiù zài tā men shǒu xià dàn shēng
生命交响曲就在它们手下诞生。

# 雪地上的画
xuě dì shàng de huà

雪花给大地
xuě huā gěi dà dì

铺上一张白纸，
pū shàng yì zhāng bái zhǐ

留给小动物们
liú gěi xiǎo dòng wù men

在上面画画。
zài shàng miàn huà huà

小鸡跑来了，
xiǎo jī pǎo lái le

画一把"小伞"，
huà yì bǎ xiǎo sǎn

送给雪人擎着，
sòng gěi xuě rén qíng zhe

别让太阳晒化。
bié ràng tài yáng shài huà

小猫跑来了，

画一朵"蜡梅花"，

让雪人看着，

不再寂寞想家。

小鸭、小兔跑来了，

都争着画呀，画呀，

一幅长长的画卷，

是雪人读不完的童话。

# 山下，一座小湖

山下，一座小湖，

跃动着透明的绿波，

它张开双臂，

去拥抱每一条

从大山跑来的小河。

难怪春夏秋冬，

小湖总是满满的，

因为它对每条细流，

都是那样热情好客。

# 小燕子
*xiǎo yàn zi*

一对剪刀似的尾巴，
*yí duì jiǎn dāo shì de wěi ba*

剪下缕缕晨光，
*jiǎn xià lǚ lǚ chén guāng*

在翠绿的山野上，
*zài cuì lù de shān yě shàng*

正快活地飞翔。
*zhèng kuài huo de fēi xiáng*

啊，小燕子，
*à xiǎo yàn zi*

莫非山野太美，
*mò fēi shān yě tài měi*

你想用晨光，
*nǐ xiǎng yòng chén guāng*

为它写下迷人的诗行？
*wèi tā xiě xià mí rén de shī háng*

或者想为它
*huò zhě xiǎng wèi tā*

添上彩色一笔，

让山野这幅图画，

美得令人神往？


是的，是的，

山野实在美得诱人，

然而，一群害虫，

正向那里伸出魔掌。


你要用缕缕晨光，

去织一张天罗地网，

把一切害人虫，

统统地消灭光！


看呀，小燕子多么矫健，

不停地扇动翅膀，

一边飞，一边"喊喊喳喳"叫着，

那是它献给山野的歌唱！

144

# huì chàng gē de xiǎo xīng
# 会唱歌的小星

shù shàng zhuì mǎn
树上缀满

lù sè de xiǎo xīng
绿色的小星，

zài yè de wēi fēng zhōng
在夜的微风中，

yáo chū tián tián de gē shēng
摇出甜甜的歌声。

shā shā shā　shā shā shā
沙沙沙，沙沙沙，

zhè shì yì zhī cuī mián qǔ ba
这是一支催眠曲吧？

yào bù　tiáo pí de xiǎo sōng shǔ
要不，调皮的小松鼠，

zěn me huì shuì de zhè yàng chén
怎么会睡得这样沉？

145

哗啦啦，哗啦啦，

这是一支抒情调吧？

要不，淘气的小刺猬，

怎么会听得这样入神？


小兔垂下长耳朵，

任露珠在额上滚动；

小鸟在枝上一动不动，

正在做甜美的梦。


啊，会唱歌的小星，

风来拨弦，河来弹琴，

一曲《沙沙》歌，

把动物们带到迷人的佳境！

146

| 序 号 | 作 家 | 作 品 | 年 级 |
|---|---|---|---|
| 1 | 金 波 | 金波经典美文：第一辑 树与喜鹊 | 一年级 |
| 2 | 金 波 | 金波经典美文：第二辑 阳光 | |
| 3 | 金 波 | 金波经典美文：第三辑 雨点儿 | |
| 4 | 夏辇生 | 雷宝宝敲天鼓 | |
| 5 | 夏辇生 | 妈妈，我爱您 | |
| 6 | 叶圣陶 | 小小的船 | |
| 7 | 张秋生 | 来自大自然的歌 | |
| 8 | 薛卫民 | 有鸟窝的树 | |
| 9 | 樊发稼 | 说话 | |
| 10 | 圣 野 | 太阳公公，你早！ | |
| 11 | 程宏明 | 比尾巴 | |
| 12 | 柯 岩 | 春天的消息 | |
| 13 | 窦 植 | 香水姑娘 | |
| 14 | 胡木仁 | 会走的鸟窝 | |
| 15 | 胡木仁 | 小鸟的家 | |
| 16 | 胡木仁 | 绿色娃娃 | |
| 17 | 金 波 | 金波经典童话：沙滩上的童话 | 二年级 |
| 18 | 金 波 | 金波经典美文：一起长大的玩具 | |
| 19 | 高洪波 | 高洪波诗歌：彩色的梦 | |
| 20 | 冰 波 | 孤独的小螃蟹 | |
| 21 | 冰 波 | 企鹅寄冰·大象的耳朵 | |
| 22 | 张秋生 | 妈妈睡了·称赞 | |
| 23 | 孙幼军 | 小柳树和小枣树 | |
| 24 | 滕毓旭 | 神秘隐身人 | |
| 25 | 吴 然 | 吴然精选集：五彩路 | 三年级 |
| 26 | 叶圣陶 | 荷花·爬山虎的脚 | |
| 27 | 张秋生 | 铺满金色巴掌的水泥道 | |
| 28 | 王一梅 | 书本里的蚂蚁 | |
| 29 | 张继楼 | 童年七彩水墨画 | |
| 30 | 张之路 | 影子 | |

| 序号 | 作家 | 作品 | 年级 |
|---|---|---|---|
| 31 | 周锐 | 慢性子裁缝和急性子顾客 | 三年级 |
| 32 | 张晓楠 | 一支铅笔的梦想 | |
| 33 | 洪汛涛 | 神笔马良·鸡与鹤 | |
| 34 | 曹文轩 | 曹文轩经典小说：芦花鞋 | 四年级 |
| 35 | 高洪波 | 高洪波精选集：陀螺 | |
| 36 | 吴然 | 吴然精选集：珍珠雨 | |
| 37 | 叶君健 | 海的女儿 | |
| 38 | 茅盾 | 天窗 | |
| 39 | 梁晓声 | 慈母情深 | 五年级 |
| 40 | 陈慧瑛 | 美丽的足迹 | |
| 41 | 丰子恺 | 沙坪小屋的鹅 | |
| 42 | 郭沫若 | 向着乐园前进 | |
| 43 | 叶文玲 | 我的"长生果" | |
| 44 | 金波 | 金波诗歌：我们去看海 | 六年级 |
| 45 | 肖复兴 | 肖复兴精选集：阳光的两种用法 | |
| 46 | 臧克家 | 有的人——臧克家诗歌精粹 | |
| 47 | 梁衡 | 遥远的美丽 | |
| 48 | 钱万成 | 我从山中来 | |
| 49 | 臧克家 | 说和做——臧克家散文精粹 | 七年级 |
| 50 | 郭沫若 | 炉中煤·太阳礼赞 | |
| 51 | 刘慈欣 | 带上她的眼睛 | |
| 52 | 魏巍 | 谁是最可爱的人 | |
| 53 | 贺敬之 | 回延安 | 八年级 |
| 54 | 刘成章 | 刘成章散文集：安塞腰鼓 | |
| 55 | 叶圣陶 | 苏州园林 | |
| 56 | 茅盾 | 白杨礼赞 | |
| 57 | 严文井 | 永久的生命 | |
| 58 | 吴伯箫 | 吴伯箫散文选：记一辆纺车 | |
| 59 | 梁衡 | 母亲石 | |
| 60 | 汪曾祺 | 昆明的雨 | |
| 61 | 曹文轩 | 曹文轩经典小说：孤独之旅 | 九年级 |
| 62 | 艾青 | 我爱这土地 | |
| 63 | 卞之琳 | 断章 | |
| 64 | 梁实秋 | 记梁任公先生的一次演讲 | 高中 |
| 65 | 艾青 | 大堰河——我的保姆 | |
| 66 | 郭沫若 | 立在地球边上放号 | |